L'EMPIRE
OTTOMAN
1839-1877

L'ANGLETERRE ET LA RUSSIE

DANS

LA QUESTION D'ORIENT

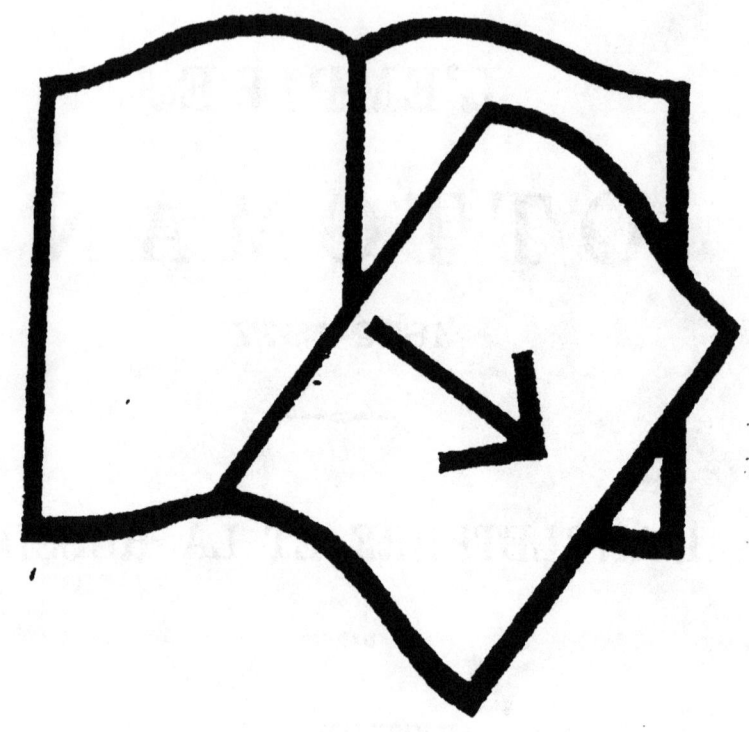

Couvertures supérieure et inférieure manquantes

L'EMPIRE OTTOMAN

1839-1877

L'ANGLETERRE ET LA RUSSIE

DANS

LA QUESTION D'ORIENT

PAR

UN ANCIEN DIPLOMATE

PARIS

E. DENTU, LIBRAIRE-ÉDITEUR

PALAIS-ROYAL, 15, 17, 19, GALERIE D'ORLÉANS

—

1877

Tous droits réservés.

Le traité du 30 mars 1856 a produit des résultats diamétralement opposés au but de ceux qui l'ont dicté. Le plus déplorable, c'est la guerre qui désole aujourd'hui la péninsule du Balcan et l'Arménie. Cette déception était prévue par tous ceux qui connaissaient la vraie situation de l'Orient, les populations de l'empire ottoman, le Gouvernement turc et ses principes traditionnels, principes constitutifs, dont il n'est pas maître de modifier l'essence, malgré la transformation apparente que ces principes semblent subir depuis 1839.

Au lieu d'accuser la Sublime-Porte d'avoir provoqué la crise actuelle par la violation de ses engagements, l'Europe doit en faire remonter la responsabilité au congrès de 1856, victime et complice d'une mystification. La question principale que le congrès avait à régler était sans contredit celle de l'amélioration du sort des populations chrétiennes de l'Orient. C'est cette question qui avait suscité la guerre d'Orient, et qui pourtant fut réglée de manière à faire empirer la situation à tous égards, à provoquer une succession de soulèvements et de massacres, et enfin à préparer la guerre actuelle. Un examen sérieux et impartial de la nature des choses est le premier devoir de l'homme d'État, dans le règlement des questions dont relève le sort des sociétés humaines. On voit comment les diplomates du congrès de Paris se sont acquittés de ce devoir.

Certaines dispositions du traité ont été abrogées, dès 1871, à la suite d'une entente entre les grandes puissances. Le traité lui-même est abrogé de fait par les conférences de Constantinople, et de droit par la guerre entre la Russie et la Turquie, et par la neutralité des autres signataires.

En attendant les résultats de la lutte, qui doit décider du sort de la Turquie et de ses malheureuses populations, par un nouveau traité européen, ma conscience m'impose le devoir de soumettre à l'opinion publique ce livre, fruit d'un demi-siècle d'observations et d'études pratiques.

Les années qui se sont écoulées, depuis la guerre d'Orient, ont rectifié bien des préjugés. Des voix autorisées se sont fait entendre, en Angleterre surtout. Si le ministère anglais a tout fait pour rendre la guerre inévitable, c'est à la nation anglaise que revient l'honneur d'avoir localisé la guerre. C'est en Angleterre que la vérité a été proclamée, avec le plus de courage et le plus de précision, sur le Gouvernement turc, sur la valeur de ses droits souverains et des engagements contractés par lui, lors de son admission dans le système politique européen.

En admettant la Turquie dans le système politique européen, les signataires du traité du 30 mars 1856 n'avaient qu'une idée confuse de cet État, qui, depuis cinq siècles, conserve le caractère primitif de son établissement sur le sol européen, le principe constitutif d'une tribu de conquérants en permanence de lutte contre les peuples conquis, contre leur religion et leur nationalité. Aussi le voit-on toujours militant, constamment occupé à reconquérir ses provinces. Je viens de lire dans la *Revue contemporaine* (*The contemporary Review, august 1877*) un remarquable article de M. Freeman, sur la guerre actuelle. Le savant historien, qui a beaucoup voyagé en Turquie et étudié l'Orient et ses populations, exprime une idée sérieuse, sous une forme qui paraîtra paradoxale peut-être, mais dont le sens politique est d'une justesse incontestable. La guerre actuelle, dit-il, n'est pas une guerre entre la Russie et la Turquie. Par les termes géographiques, Russie, Turquie, France, Allemagne, etc., on entend la population de ces pays. En disant que l'Allemagne a fait la guerre à la France, on entend que les Allemands on fait la guerre aux Français. Dans la guerre actuelle, c'est bien la Russie et la *Turquie d'Europe* qui sont en lutte, mais, en réalité, c'est la population chrétienne de ce pays qui fait la guerre aux musulmans, seuls oppresseurs impitoyables des nations du pays turc. En effet, les Bosniaques et les Herzégoviniens, depuis plus de deux ans, se battent contre les Turcs: les Roumains sont les alliés actifs de la Russie; les Bulgares, survivants des massacres de 1876, combattent les Turcs partout où ils peuvent se procurer des armes; les Serbes, après leur lutte inégale et malheureuse de 1876, arment de nouveau pour rentrer en lice; les Épirotes, les Thessaliens, les Macédoniens et les Crétois appellent les Hellènes pour se lever en masse; les Grecs et les Bulgares de la côte occidentale de la mer Noire et des pays au sud des Balcans, contenus par le voisinage de la capitale et par la flotte turque, n'attendent, pour se soulever, que l'apparition de l'armée russe. En butte à la haine de ses sujets et vassaux chrétiens, la Sublime-Porte arme tous les musulmans de seize à soixante ans; elle recrute, en Afrique et en Asie, des nègres, des Kurdes et des Bédouins, mais elle n'ose livrer des armes à un seul de ses sujets non musulmans.

Le savant historien que nous venons de citer, pourrait donc tout aussi bien dire que ce n'est plus même une guerre entre les Turcs, d'une part, et les non Turcs de la Turquie, de l'autre, mais une guerre de la grande majorité des Turcs chrétiens contre les Turcs musulmans. Ce n'est point une guerre de race. Sur le sol européen la *race* turque est de quelques centaines de milliers d'hommes à peine. Elle a pour alliés les Slaves et les Albanais, convertis à l'islamisme tantôt par la violence, tantôt par l'appât de tous les droits civils et politiques exclusivement réservés aux musulmans. Dans les premiers temps de la conquête, la milice des Janissaires, qui a fait la grandeur de la Turquie aux xve, xvie et xviie siècles, était exclusivement recrutée parmi les chrétiens. Le Gouvernement prélevait, à titre de tribut, les garçons chrétiens de neuf à douze ans, et faisait leur éducation musulmane et militaire dans des casernes spécialement destinées à la formation de cette milice. Plus tard, comme aujourd'hui encore, la conversion s'opéra d'une manière plus générale, avec plus ou moins de succès, soit par la violence, soit par la ruse. Tout chrétien condamné à mort obtient, de droit, la vie et grâce plénière, s'il consent à embrasser la religion dominante. C'est là le caractère distinctif de la conquête mahométane, selon la loi du Coran. Elle établit dans les pays conquis une caste noble, qui a pour parchemin le signe de la circoncision.

Il y a cependant, dans l'Europe chrétienne, un nombreux parti de zélés avocats de la Sublime-Porte. Les sympathies de ce parti pour la Turquie n'ont d'autre mobile que la haine contre la Russie. Cette haine a sa raison d'être, tristes et inavouables raisons peut-être; elles sont puisées dans les rancunes des Hongrois, dans les déceptions de l'émigration polonaise, dans les passions des camps révolutionnaires, et jusque dans les rigueurs du régime douanier de la Russie. Nous ne discutons pas les raisons qui peuvent, sinon justifier, mais plus ou moins motiver ces haines contre la Russie et contre sa politique. Ce qui nous paraît tout à fait injuste et inepte, c'est de voir en butte à ces mêmes haines, toute la famille des nations chrétiennes de la Turquie, les Grecs, les Slaves et les Roumains, dont ce parti veut perpétuer l'esclavage. Aux yeux des avocats de la domination turque, l'unique crime de ces nations, c'est qu'en revendiquant leur indépendance et leur place au soleil, qui éclaire l'Europe entière, elles accordent leurs sympathies traditionnelles à la puissance qui, depuis deux siècles, combat leur oppresseur, et, au prix des plus grands sacrifices, fait ce qu'elle peut par les armes et par la négociation, pour améliorer leur sort. Leur reconnaissance pour leur bienfaiteur les expose à la haine des ennemis de ce bienfaiteur. Le principe conservateur que les libéraux du premier quart de ce siècle ont tant reproché à la Sainte-Alliance, au sujet des révolutions de l'Espagne, de l'Italie et de la Grèce, est invoqué en faveur de la Sublime-Porte, par les soi-disant libéraux du dernier quart de ce siècle. Le principe de la légitimité subit l'insulte de se voir monstrueusement appliqué aux droits souverains d'un État théocratique musulman, qui n'existe et ne peut exister, sur le sol européen, que par la violation permanente et systématique de toutes les lois divines et humaines envers les chrétiens, ses sujets.

Je confesse mes vieilles et profondes sympathies pour les nations de la Turquie, dont j'ai étudié, sur les lieux mêmes, les destinées historiques et l'état présent, leur développement intellectuel et social, sous le souffle vivifiant des grands principes de 1789, qui ont de proche en proche pénétré dans les sentiments de toutes les nations de la famille européenne. L'intérêt que je porte aux Grecs, aux Slaves, aux Roumains et aux Albanais n'a point obscurci mon jugement à l'égard de la nation ottomane. Comme nation et comme individus, les

Turcs eux-mêmes ont leur part légitime dans les sympathies de tout observateur impartial. Il serait souverainement injuste de rendre la nation entière solidaire des crimes de son gouvernement et de la sauvagerie des bachi-bozouks et de ces tribus asiatiques que la Sublime-Porte a lâchées sur ses sujets chrétiens. La guerre actuelle prouve qu'elle pouvait toujours entretenir, dans ses provinces européennes, assez de troupes régulières, pour maintenir son autorité, sans avoir recours aux bandes asiatiques. Les Ottomans du continent européen, fanatisés même, comme ils le sont aujourd'hui par leur Gouvernement, seraient à peine capables de commettre les horreurs dont la péninsule du Balcan offre le navrant spectacle depuis deux ans. L'influence du lieu, et le mélange du sang grec et slave, qui coule en grande partie dans leurs veines, ont modifié leur physionomie, ainsi que les instincts de leur race. Sous un autre gouvernement, ils ne tarderaient pas à devenir aptes à la civilisation. Dans les conditions politiques actuelles de l'empire ottoman, ils expient eux-mêmes le fatal privilége, qui leur est assuré par le détestable principe théocratique, qui régit l'organisme social de l'État. Je m'en réfère au jugement de Volney, le plus profond observateur de tous ceux qui, avant ou après lui, ont jamais étudié l'Orient. C'est une vieille et incontestable vérité, qu'un Turc peut être bon et loyal marchand, laboureur, soldat, etc., et que ce même, individu, à peine investi d'une fonction administrative ou municipale quelconque, subit une transformation morale complète. Parmi les membres des classes élevées de la société turque, j'ai connu des hommes parfaitement honorables dans les relations de la vie privée ; ces mêmes hommes, ministres ou gouverneurs, ne se font aucun scrupule du mensonge et de la plus grossière fourberie, quand il s'agit de l'intérêt du service public. Telle est l'action délétère du régime gouvernemental, qui a pour base la domination, le privilége du musulman, son droit d'exploiter le chrétien. Les réformes qui s'opèrent en Turquie, depuis 1839, et dont l'appareil extérieur a tant de fois trompé les cabinets et l'opinion publique de l'Occident, n'ont servi, en réalité, qu'à fortifier, au gré de la Sublime-Porte, un principe ostensiblement combattu par les lois nouvelles et la constitution. Le lecteur trouvera, dans ce volume, l'analyse de ce curieux phénomène.

A l'appui du jugement que je porte sur la crise actuelle, j'ai dû citer des faits qui, jusqu'à ce jour, n'ont pas été livrés à la publicité. Ces révélations ne tarderont certainement pas à être confirmées par des témoignages posthumes. Je garde l'anonyme. A mon âge, je n'aspire qu'au repos qui m'est dû, *otium cum dignitate*, de Cicéron. Spectateur impartial (je ne dis pas désintéressé, car avant tout je suis chrétien) de ce sanglant procès oriental, qui trouble, pour la troisième fois, depuis 1839, la paix du monde, il me répugne, pour le peu qui me reste à vivre, de livrer mon nom aux discussions passionnées des partis, à la fureur turcophile qui anime un grand nombre de journaux en Angleterre, en Autriche-Hongrie, en France et même en Allemagne.

L'EMPIRE OTTOMAN
1839-1877

CHAPITRE PREMIER

Entretien d'un diplomate russe avec M. Guizot. — Incompétence du Congrès de 1856 et ses erreurs. — Illusions contradictoires et violation légitime du traité. — Incompatibilité de l'état théocratique et du principe d'égalité. — Aveux d'Aali-Pacha. — Tutelle multiple et ses déceptions. — Tendances primitives de la réforme et projet du réformateur Mahmoud d'embrasser le christianisme. — Message de l'empereur Nicolas. — Complot ministériel du Gulhané et ses suites. — L'empire ottoman constitué en ferme; exploitation de cette ferme par une oligarchie de circonstance. — Justification de la banqueroute par le grand-vizir.

I

Peu de jours après la signature du traité de Paris de 1856, un diplomate russe fut présenté à M. Guizot dans les salons de l'ambassadeur de Prusse, comte Hatzfeld. Complimenté par l'ancien premier ministre d'avoir contribué à la solution de la question d'Orient, le diplomate répondit au vénérable homme d'Etat que sa conscience ne lui permettait pas de prendre au sérieux ce compliment, et qu'il en faisait appel au professeur d'histoire. — « Je tiens bien plus à mon titre de professeur d'histoire qu'à celui d'ancien ministre, dit M. Guizot. Causons un peu. Il parait qu'à votre avis, Monsieur, cette guerre, qui a imposé tant de sacrifices à l'Europe chrétienne, n'a pas encore amené la solution du problème ? » — Le diplomate pria M. Guizot de préciser d'abord, au point de vue purement historique, l'origine même de la question; il la fait remonter, de date en date, de 1840 à 1821, de la prise de Constantinople par les Turcs aux croisades, au partage de l'empire sous les fils de Théodose, à Alexandre le Grand, aux guerres médiques, au siége de Troie. Ii récusa la compétence du congrès même qui s'érige en tribunal et prononce des sentences sans entendre le plaidoyer du principal intéressé, dans ce formidable procès, de ces mêmes peuples de l'Orient chrétien, dont le sort est plus que jamais compromis par la sollicitude malhabile et à courte vue de ses protecteurs ou soi-disant tels. — « Vous n'admettez même pas, ajouta l'éminent professeur, que ce traité, auquel vous avez travaillé, ouvre une nouvelle phase à cette question par l'émission du grand principe d'égalité entre chrétiens et musulmans ? » — « A mon humble avis, répliqua le diplomate, ce traité n'a qu'un seul mérite, celui d'arrêter l'effusion du sang, de mettre fin à une guerre inepte et impie; quant à la question d'Orient qui a provoqué cette guerre, ce traité n'a servi qu'à la compliquer par deux nouveaux problèmes : d'abord l'adoption par la famille des nations européennes et chrétiennes d'un membre nouveau, appartenant par sa nature même à une autre espèce de corps sociaux; et en second lieu — par l'engagement que ce nouveau membre hétérogène vient de contracter, le fallacieux Hatti-Houmayoun, dont l'Europe reconnaît la *haute valeur*, et dont l'application ne serait que le suicide du nouveau membre. Aussi n'entre-t-elle nullement dans les vues du gouvernement ottoman cette exécution des engagements contractés. Dans l'ordre moral et politique, l'égalité entre chrétiens et musulmans, sous un gouvernement d'essence théocratique musulmane, est une impossibilité, tout comme l'abolition de l'Iltisam, (l'affermage des impôts) mesure également prescrite par le Hatti-Houmayoun, est une impossibilité dans l'ordre des intérêts matériels. Sous l'administration turque l'abolition du fermage mettrait le trésor à sec; il ne sera donc pas aboli; pas plus que le commerce des esclaves, et ainsi du reste, en dépit de tous les firmans et de tous les engagements contractés par la Sublime-Porte vis-à-vis de ses alliés. En Turquie, turcs et chrétiens savent bien à quoi s'en tenir sur la valeur des firmans. On sait y lire entre les lignes le vrai sens des principes professés pour l'édification de l'Europe. En

1839, l'émancipation des rayas et l'égalité absolue entre chrétiens et musulmans a été proclamée par le hatti-sheriff de Gulhané. C'était là le début du règne; il s'agissait à cette époque-là aussi de gagner les bonnes grâces des puissances européennes dans la lutte contre le pacha d'Egypte. La solennité de l'acte de Gulhané a été bien autrement imposante que ne l'est l'exhibition du Hatti-Houmayoun au congrès et la mention honorable de ce document dans le traité du 30 mars. Le jeune sultan, seul de bonne foi, et ses ministres ont publiquement prêté serment, devant le drapeau du prophète, d'observer les prescriptions de la nouvelle loi, qui devait changer la face du monde oriental. Durant votre ministère de 1840-1848 vous en avez vu l'application dans les affaires du mont Liban et ailleurs. L'état des choses n'a fait qu'empirer depuis, et le raya n'a pas même csé réclamer l'égalité qui lui était garantie. Le simple droit même de témoigner en justice lui est refusé. Des enfants des deux sexes sont convertis par ruse et par violence à l'islamisme, et, si plus tard ils veulent retourner à la religion de leurs pères, ils sont punis de mort. L'esclavage a été aboli; cependant, comme par le passé, le sultan lui-même qui, de par la loi, ne peut pas avoir de femmes légitimes, achète des femmes ou bien les reçoit en cadeau de sa mère, de ses sœurs et de ses favoris. Depuis que le commerce des esclaves circassiennes a été entravé par les croisières russes, cette marchandise n'est plus à la portée du vulgaire; mais elle est fournie par contrebande aux hommes riches, à ceux qui constituent le gouvernement de la Sublime-Porte. Il en est de même pour toutes les prescriptions de la loi nouvelle. La situation se complique aujourd'hui par le devoir imposé aux alliés d'insister sur l'exécution d'une série d'impossibilités, à moins qu'ils ne consentent à être publiquement et collectivement mystifiés de la part du membre nouvellement admis dans le concert européen. Tous ceux qui connaissent la Turquie par la pratique des affaires, et avant tout les sujets chrétiens et musulmans du Sultan, savent fort bien que la réalisation du principe d'égalité entre musulmans et chrétiens, sous l'administration turque, n'entre nullement dans les vues du gouvernement. La Russie n'a réclamé que l'observation des droits assurés à l'Église, *ab antiquo*, par le premier conquérant, droits constamment violés par les pachas et par la Sublime-Porte La Russie n'a pas réclamé des choses incompatibles avec l'existence de l'empire musulman. Elle a été de bonne foi, elle ne voulait pas la ruine intempestive de cet empire. Elle laisse au temps la consommation de son œuvre séculaire. Nous reconnaissons votre supériorité dans la science. Nous avons cependant la présomption d'avoir mieux étudié notre incommode voisin, le Turc, que vous ne pouvez le faire. Ses congénères et coreligionnaires mongols, deux siècles durant, ont ravagé notre pays. Dans le martyrologe de l'église nationale figurent les noms de plusieurs princes et évêques décapités ou pendus à la Horde-d'Or, tout comme les princes de Valachie et de Moldavie et les prélats de l'église grecque recevaient la palme du martyre dans la capitale du Grand-Turc, il y a à peine trente ans. Cette expérience historique et le corps de traditions qu'elle a léguées aux nations chrétiennes de l'Orient ont fait école; leur enseignement est bien autrement efficace que les théories politiques de l'Occident dans leur application impossible au gouvernement ottoman. Antérieurement à l'invasion de Tchenguis-Khan nous étions une nation libre et prospère à l'époque même où les nations de l'Occident subissaient le servage. Nous avions des princes législateurs comme Yaroslav, allié et parent de vos rois capétiens. La démoralisation asiatique, léguée à notre pays, tant éprouvé sous le joug du Mongol, a produit le tzar Ivan le Terrible, qui, tout en abattant les royaumes tatars du Volga, détruisit aussi les derniers refuges de la liberté russe, Novgorod et Pskov, et réduisit le conseil des Boyars à la condition du Divan turc. Le dernier et fatal legs du conquérant musulman a été le servage, institué en Russie par un prince de race tatare, à l'époque même de l'affranchissement des communes en Occident. Il a fallu à la Russie tout un siècle de labeur intérieur et de luttes avec les Khans de la Crimée, les Polonais et les Suédois sous la nouvelle dynastie, portée au trône par une assemblée nationale, pour purifier une atmosphère viciée et pour préparer les voies au génie réformateur de Pierre le Grand. Cet homme extraordinaire nous fit rentrer définitivement dans notre antique domaine de la vie européenne. Nous y rentrons riches de cette expérience de plusieurs siècles, qui se complète par nos relations diplomatiques avec nos voisins du Bosphore et plus encore par les guerres que nous sommes fatalement obligés de faire, de temps à autre, à ces voisins tracassiers. Après avoir expulsé leurs vassaux, les hordes tatares, de la Crimée et du littoral septentrional de la mer Noire, ces lieux, antique patrimoine de nos ancêtres, où notre prince-apôtre Vladimir reçut le baptême, nous nous sommes abstenus de toute nouvelle conquête. L'empereur Nicolas a généreusement restitué au sultan la Moldo-Valachie, qu'il pouvait annexer à ses États en 1829. Il s'est fait un devoir de conscience de mettre ce pays à l'abri de l'arbitraire et de l'intrigue de Constantinople, et quant au sort de nos coreligionnaires du Balcan, il s'est abstenu même d'insérer dans le traité d'Andrinople, dicté par lui, des clauses spéciales en leur faveur; il en réservait l'initiative au réformateur Mahmoud, qui annonçait à cette époque précisément une nouvelle ère de tolérance religieuse à ses sujets chrétiens. Tout a changé depuis l'avénement d'Abdul-Medjid et l'acte de Gulhané. Le faible successeur du réformateur ottoman, égaré par une intrigue ministérielle, a compromis la réforme. Le principe autoritaire qui en était le ressort, fut vicié et la tolérance religieuse passa du domaine des faits dans la phraséologie perfide des firmans, mort-nés, qui d'une part, faisaient naître dans les populations chrétiennes de l'empire des espérances chimériques et de l'autre, réveillaient le fanatisme jaloux du musulman. Un nouveau système de persécution a été progressivement organisé dans les hautes régions administratives sous les auspices de Rechid-Pacha. Cet homme d'État, chef du complot dont je viens de parler, n'a été qu'un habile prestidigitateur. Il a réussi à tromper son souverain d'abord, puis l'Europe, l'Angleterre surtout, par ses allures libérales et par la parodie constitutionnelle de Gulhané. Le progrès de la démoralisation et de la misère du raya, de sa haine contre la race dominante et son gouvernement, est proportionné au développement du fanatisme musulman dans sa nouvelle forme, moins brutale que celle d'avant la réforme, mais infiniment plus perfide et plus délétère. Le Turc du vieux régime, le janissaire, voyait dans le chrétien un être inférieur, dont il daignait parfois avoir pitié. Le Turc du nouveau régime voit en lui un compétiteur. C'est là le résultat le plus clair de l'acte de 1839. L'opinion publique de l'Occident et la grande majorité des cabinets ont cependant applaudi aux principes proclamés par cet acte et n'ont pas même soupçonné le travail souterrain de la semence empoisonnée qui compromet tout l'avenir de l'Orient. Dans le Hatti-Houmayoun que les plénipotentiaires ottomans viennent d'exhiber au congrès et dont les cabinets reconnaissent *la haute valeur*, je ne vois, pour ma part, qu'une deuxième édition d'un mensonge et d'une impossibilité, un bouquet d'éloquence, offert aux cabinets, qui ont aidé le gouvernement turc à continuer ses turpitudes dans la péninsule orientale de l'Europe, ce berceau du christianisme. Nous sommes réduits à en prendre notre parti, puisque les chances de la guerre ont été contre nous. Devant cette formidable coalition de l'Occident, nous avons dû même renoncer à la défense maritime de la partie la plus riche et la plus vulnérable de notre pays, en laissant aux Turcs la faculté de dévaster en cas de rupture nos établissements de la mer Noire. Je conçois qu'on enlève une province à un État vaincu, mais la suppression de ses moyens de défense, lorsqu'il s'agit d'un empire de quatre-vingts millions d'hommes, c'est une de ces clauses dans lesquelles la passion obscurcit le sens politique des hommes d'État. Je demande, à mon tour, à l'éminent professeur d'histoire, et à l'homme d'État aussi, son jugement sur l'acte dans lequel, par euphémisme sans doute, il a voulu voir une solution du redoutable problème oriental. Mon humble opinion est qu'on n'a fait que le compliquer, rendu la solution plus difficile que jamais, et cela en sacrifiant tant de vies humaines et tant de capitaux. »

Cette longue tirade du diplomate russe fut débitée dans l'embrasure d'une fenêtre, où M. Guizot avait entraîné son interlocuteur dès le début de l'entretien. Après quelques minutes de réflexion, l'ancien ministre de Louis-Philippe fit remarquer le peu de vitalité des traités de notre époque, en citant ceux de 1815. Il se rappela le mot du chancelier Axel Oxenstierna, quant à la dose de sagesse qu'il faut aux hommes appelés à gouverner le monde, et il finit par cette simple observation, que le traité du 30 mars coûtait à la France 100,000 soldats et plus de 2 milliards de francs.

II

En moins de vingt ans, le développement progressif des faits dans l'Europe orientale, conséquence nécessaire de la coalition de 1854, n'a que trop justifié l'appréciation faite par le diplomate russe du traité de paix du 30 mars. Ce n'était point, a-t-on dit, l'intérêt turc qui a provoqué la guerre contre la Russie, c'était plutôt le besoin d'affaiblir la Russie au profit de l'équilibre européen, de faire rétrograder cette puissance, dont le développement progressif devenait menaçant pour l'Europe aussi bien que pour l'Inde. Indépendamment de ce dernier point qui intéressait plus particulièrement l'Angleterre, le problème à résoudre a pu se résumer en ces trois points : 1° Fortifier la Turquie, en mettant une barrière aux progrès de la Russie, et annihiler le prestige de cette puissance sur les populations chrétiennes de l'Empire Ottoman; 2° améliorer le sort de ces populations par l'initiative de leur souverain légitime et de ses alliés de l'Occident, les combler de bienfaits bien plus efficaces que ne leur promettaient les réclamations modestes de la Russie, aliéner par ce système, au profit des Sultans, les sympathies héréditaires de leurs sujets pour les empereurs de Russie ; 3° rendre impossible toute nouvelle guerre entre la Russie et la Turquie, en enlevant à la Russie sa frontière du Bas-Danube, en supprimant sa flotte dans la Mer Noire et en contractant par le traité secret du 15 avril, entre la France, l'Autriche et l'Angleterre, l'engagement de protéger la Turquie par leurs armes contre la Russie, traité qui non-seulement impliquait l'aveu de l'impuissance du traité général, mais était encore en contradiction flagrante avec l'article 8 de ce même traité (1).

---

(1) L'article 8 stipule la médiation dans l'éventualité d'un dissentiment entre la Sublime-Porte et l'une ou plusieurs des autres puissantes contractantes. Le traité secret du 15 avril stipule le *casus belli* en cas d'infraction au traité du 30 mars, et l'entente avec la Sublime-Porte pour combiner l'emploi des forces militaires et navales des trois puissances en cas d'infraction au traité général. Il n'y est pas question de médiation. *L'infraction* au traité est un des termes les plus élastiques de la diplomatie.

III

A l'heure qu'il est, où en sommes-nous en fait de résultats pratiques d'une guerre gigantesque, guerre des Titans contre les arrêts méconnus de la Providence divine sur les destinées de l'empire du Croissant? Le terme des épreuves infligées aux nations de l'Orient chrétien par la mystérieuse volonté d'en haut approche à vue d'œil. L'aurore de la délivrance a éclairé l'Orient dès 1821. Trois races européennes et chrétiennes, devenues la proie d'une race asiatique musulmane, qui menaçait aux xiv°, xv° et xvi° siècles d'asservir l'Europe entière, ces trois races martyres revendiquent leur place au soleil. Leur vitalité est incontestable comme aussi leur droit à briser les chaines du plus odieux esclavage qui ait jamais affligé le sol européen. De ces trois races les Grecs ont réussi, à l'aide de l'Europe, après sept années de souffrances et de lutte héroïque, à délivrer une partie de leur patrimoine, à se créer un foyer d'existence nationale. Une poignée de Slaves montagnards s'est constituée en État indépendant et a bravé tous les efforts du conquérant qui s'obstine à réduire la montagne Noire au vasselage, tantôt par les armes, tantôt par la diplomatie. Une autre population slave d'un million et demi et les quatre ou cinq millions de Roumains sont parvenus, à l'aide de la Russie, à créer deux États autonomes sur les bords du Danube. L'un de ces États vient de proclamer son indépendance dès l'entrée de l'armée russe sur son territoire; l'autre devra bientôt suivre cet exemple, malgré l'échec de l'année dernière (1). La liberté est contagieuse. Elle s'infiltre dans les sociétés humaines en dépit des efforts *d'une politique* imprévoyante, qui veut combattre les lois de la nature et les décrets divins, tantôt par les armes, tantôt par des traités au profit de la perpétuité d'un état de choses impossible.

Le traité de Paris a érigé en dogme politique l'intégrité et l'indépendance de l'Empire Ottoman. Dans la période précédente le malade du Bosphore traînait sa triste existence dans des crises intérieures, toujours menaçantes pour le repos du monde, de ses voisins surtout, sans provoquer cependant une guerre européenne. Il a bien fallu intervenir en 1840 pour conjurer la catastrophe, qui menaçait de faire naître en Orient une nouvelle situation peu rassurante

---

(1) Au point de vue ethnographique il y a une quatrième race, — les Albanais. Si nous n'en faisons pas mention ici, c'est que les tribus albanaises qui ont conservé le christianisme oriental sont progressivement hellénisées; celles du rite romain se confondent avec leurs coreligionnaires slaves, tandis que les tribus converties à l'islamisme deviennent turques.

pour l'avenir. Rappelons-nous qu'à cette époque déjà la Sublime-Porte sollicitait la garantie des grandes puissances, qui venaient de la mettre en possession de la Syrie. A ce propos le prince Metternich observait, le 20 avril 1841, que la chose était moralement et matériellement impraticable ; qu'une puissance ne doit jamais accepter un service qu'elle n'est pas à même de rendre à son tour ; que la puissance qui, contrairement à ce principe, accepte un tel service, *perd la fleur de son indépendance;* que l'État, placé sous la garantie d'un autre État, se soumet à la volonté d'un protecteur par la raison que la garantie, pour être efficace, *implique le droit d'intervention et le protectorat.* Si un protecteur est à charge, ajoutait la dépêche autrichienne, plusieurs protecteurs à la fois seraient un fardeau insupportable.

Ces principes élémentaires du droit international ont été violés par les signataires du traité de Paris. La garantie de l'indépendance de quelqu'un est déjà une contradiction manifeste du principe même de l'indépendance. On s'engageait par ce même traité à s'abstenir de toute intervention dans les affaires intérieures de l'Empire Ottoman, tout en enregistrant, en plein congrès, un acte exclusivement réservé aux affaires intérieures de l'Empire Ottoman. Une guerre impie ne pouvait produire qu'un traité bâtard. La phraséologie diplomatique a beau interdire l'immixtion des signataires dans le procès séculaire de l'Orient entre chrétiens et musulmans, il n'en est pas moins certain que la Sublime-Porte a contracté des engagements vis-à-vis de l'Europe, par l'acte même de son adoption dans la famille des États européens, et par conséquent, à chacun des signataires de cet acte, elle a donné le droit de surveillance et d'intervention.

IV

Cette intervention s'est constamment exercée tantôt collectivement, tantôt individuellement, aux dépens de l'indépendance de la Sublime-Porte et des droits souverains du Sultan. Nous ne parlons pas ici des petites et journalières tracasseries du corps diplomatique, à Constantinople, et des consulats dans toute l'étendue de l'Empire. Depuis 1840 l'administration ottomane s'était habituée à subir l'immixtion des représentants européens de tous les rangs dans les affaires intérieures du pays. L'alliance de 1854 et la paix de 1856 donnaient un nouvel essor à cet usage érigé en droit positif, en dépit de la phraséologie du traité. Des chefs de l'administration locale, Mousselims, Moutessarifs, et Pachas, et Mouchirs, et Valis, étaient destitués à la suite de plaintes portées à leurs supérieurs hiérarchiques, par les agents consulaires, ou bien à la Sublime-Porte, par les ambassades. Dès le mois de septembre 1856 le chef du gouvernement, le grand-vizir Aali-Pacha, signataire du traité qui garantissait l'indépendance de la Sublime-Porte, était destitué à la demande de Lord Redcliffe, ambassadeur d'Angleterre. Cet épisode est caractéristique. La flotte anglaise, sous les ordres de l'amiral Lyons, continuait à occuper le Bosphore après le départ de la flotte et de l'armée françaises. M. de Thouvenel, ambassadeur de la puissance qui avait supporté tout le fardeau de la guerre de Crimée, avait appuyé jusque-là le grand-vizir Aali, qui ne jouissait pas de la bienveillance de Lord Redcliffe. Rechid-Pacha, le protégé de l'ambassade anglaise, était en pleine disgrâce à cette époque; il remuait les ressorts secrets du harem impérial pour renverser son rival Aali. M. de Thouvenel voulut conjurer l'orage ; il demanda une audience privée, sous prétexte de présenter au Sultan un album photographique, cadeau de l'empereur Napoléon. Il profita de cette occasion pour prier le souverain de ne pas retirer sa confiance au loyal et dévoué Aali, revenu depuis peu de Paris, et dont l'empereur Napoléon lui-même appréciait les services. Le Sultan comprit l'allusion et chargea l'ambassadeur d'assurer à Napoléon III que, de son vivant, jamais Rechid ne serait chef du gouvernement. Cela se passait aux équinoxes d'automne. Par un temps d'orage Lord Redcliffe, de son côté (il avait déjà plus de 60 ans), la nuit, accompagné de son palefrenier, porteur d'une lanterne, se rendait à cheval, par les sentiers de la montagne, de sa résidence d'été, de Thérapia, à Balta-Liman, au palais de Rechid-Pacha. Ces entrevues nocturnes renversèrent le ministre protégé par l'ambassadeur de France. La fille du Sultan était mariée au fils de Rechid-Pacha. Elle se dit malade. Elle écrivit un tendre billet à son père, le suppliant de venir passer la soirée chez elle. Une belle Circassienne de 16 ans, achetée par son beau-père, pendant la guerre, qui permit aux montagnards du Caucase la libre exportation de leur marchandise des deux sexes, fut offerte au vicaire du prophète (1). Le lendemain les sceaux de l'Empire étaient remis à Rechid-Pacha; Aali tombait en disgrâce, recevait l'ordre de se retirer dans sa maison du Bosphore et de ne pas recevoir de visites; il lui était toutefois permis d'ouvrir les volets de ses fenêtres, ce qui mitigeait la peine, aux yeux du public. Et ce même jour, Lord Redcliffe se présentait au Sultan pour lui remettre solennellement les insignes de l'ordre de la Jarretière. Le Sultan passa la Jarretière à son bras gauche, garda le chapeau à plumage, le manteau, etc. dans sa garde-robe, l'esclave circassienne dans son harem et Rechid-

---

(1) Rechid-Pacha, promoteur du Hatti-Shérif de Gulhané en 1839 et ministre des affaires étrangères, avait signé l'engagement de la Sublime-Porte de supprimer le commerce d'esclaves.

Pacha, qu'il détestait et qu'il craignait, à la tête du gouvernement. Ces faits ont été portés à la connaissance de tous les cabinets, à titre de commentaire de la non-intervention, dans les affaires du nouveau membre de la famille européenne.

V

L'indépendance et les droits de souveraineté garantis par le traité de 1856, étaient mis à l'épreuve en 1858, lors de l'expédition d'Omer-Pacha contre le Monténégro. Le cabinet de Vienne intima au généralissime ottoman l'ordre de s'arrêter, et déclara à la Sublime-Porte qu'on ferait marcher des troupes, si l'armée ottomane continuait l'agression. Bientôt les massacres de Djedda, de Damas, du Liban, la guerre de Candie, etc., nécessitèrent l'intervention collective et non interrompue des grandes puissances dans les affaires gouvernementales de la Turquie. Les tribunaux de nouvelle création, le service de la Quarantaine, la police de la capitale et de son port, l'organisation des écoles, la Banque ottomane, les affaires litigieuses entre les églises chrétiennes rivales, toutes les branches de l'administration, excepté celle du Sérail et des Vacoufs (propriétés affectées aux mosquées), subissaient le contrôle des puissances garantes. La violation du traité de 1856 devenait une de ces nécessités inéluctables, qui s'imposent par la nature des choses, en dépit de la volonté humaine, une des lois inconscientes et fatales qui régissent les société politiques. Il serait injuste de rendre responsables les ministres turcs ou bien les représentants des grandes puissances, de toutes les misères, qui ont résulté de cet état des choses et qui ont conduit l'Orient et l'Europe à la crise actuelle.

VI

Nous avons cité plus haut l'aphorisme du prince Metternich. Les inconvénients du protectorat collectif sont incontestables ; nous devons reconnaître cependant qu'au point de vue particulier des intérêts du gouvernement turc ce protectorat collectif offrait de notables avantages. Un seul garant, protecteur ou tuteur, aurait été bien plus à charge à la Sublime - Porte, que ne pouvaient l'être six à la fois. La responsabilité, dont le garant se serait chargé vis - à - vis des autres Etats, le rendrait exigeant à l'égard de son pupille et la tutelle aurait été bien autrement efficace, quant à l'accomplissement des devoirs, qui incombaient au nouveau membre du système politique européen. Le plus sérieux de ces devoirs était, sans contredit, la réalisation des engagements contractés par le Hatti-Houmayoun. Ce document législatif établissait l'égalité absolue devant la loi, entre les sujets chrétiens et musulmans. Cependant, comme par le passé, le témoignage des chrétiens n'est pas admis par les tribunaux, qui sont institués selon la loi musulmane.

Nous citons ce seul exemple de la plus avilissante inégalité, consacrée par la loi fondamentale de l'empire théocratique de l'islam. Veut-on des preuves plus palpables de ce mensonge officiel, intitulé Loi suprême (Hatti-Houmayoun), dont les puissances chrétiennes, représentées à Paris, ont constaté la haute valeur? Et cette monstrueuse situation se perpétue depuis plus de vingt ans, et pas un des garants n'a encore élevé la voix pour réclamer l'application de ce simple principe de l'égalité du témoignage.

VII

Les Turcs ne sont pas novices dans la diplomatie. Mieux que leurs cosignataires du traité de Paris, ils savaient apprécier les chances de l'accord à établir entre eux pour légitimer et rendre efficace l'intervention collective en faveur du raya. Ils se rappelaient l'opposition opiniâtre de l'Autriche au traité du 6 juillet 1827, et les clameurs soulevées en Angleterre par la bataille de Navarin. Ils étaient sûrs de l'impunité en persévérant dans le système inauguré par le firman de Gulhané, qui dissimulait la persécution occulte et opiniâtre des sujets chrétiens, sous les fleurs de la rhétorique orientale, sous l'auréole des principes de tolérance, incompatibles avec la réalité des choses. Ils prodiguaient des promesses qui ne pouvaient pas et ne devaient même pas s'accomplir, à moins de supposer que la race privilégiée et dominante ne voulût abdiquer. Personne ne contestera le tact et la finesse d'esprit du grand-vizir Aali-Pacha, premier plénipotentiaire de la Porte au congrès de 1856. Un diplomate de ses amis, qui connaissait à fond la situation intérieure de l'Empire ottoman, lui observa que la Sublime-Porte n'aurait jamais dû accorder aux rayas chrétiens cette égalité absolue avec la race dominante, que ce nouveau principe était incompatible avec l'existence même de l'empire. — « Je conviens, répondit Aali-Pacha, que c'est une impossibilité ; mais il y a des situations où l'on est forcé de contracter des promesses irréalisables. »

Les plénipotentiaires ottomans, mieux que leurs collègues du congrès, savaient à quoi s'en tenir sur l'efficacité des engagements qu'ils venaient de contracter. Pour légitimer l'intervention de l'Europe, dans les rapports de la Sublime-Porte avec ses sujets chrétiens, dont elle s'engageait à améliorer la situation, une entente préalable était de rigueur quant à la forme et au but de l'action collective.

L'expérience du passé et les vues divergentes qui dominaient le congrès même garantissaient aux plénipotentiaires ottomans l'impossibilité de cette entente. La Sublime-Porte pouvait donc impunément violer les engagements contractés.

Les influences rivales de la France et de l'Angleterre s'unissaient autrefois sur le Bosphore, pour combattre les prétentions de la Russie. L'éclipse totale de cette dernière puissance, les faits militaires même et jusqu'aux services rendus par la France à l'armée anglaise de la Crimée, ont considérablement aigri la vieille rivalité des deux alliées de 1854. L'avénement de Rechid-Pacha, de par les instances de l'ambassadeur britannique, favorisait le gouvernement français. Bientôt après, le désaccord des deux principaux alliés se manifestait dans la question de Bolgrad et de l'île des Serpents, et ce fût un nouvel échec pour la France. Celle-ci prenait sa revanche dans les Principautés, par son entente avec la Russie, la Prusse et la Sardaigne dans la question des élections illégales du divan, *ad hoc*. de la principauté de Moldavie. Le principe de l'union des deux principautés, si chaleureusement soutenu par la France dès 1855, était éliminé aux conférences de 1858, par l'accord de la Sublime-Porte avec l'Angleterre et l'Autriche. Il triomphait sur les lieux, en dépit de l'opposition de ces trois puissances, par la double élection du même prince, sous les auspices de la France, vers la fin de 1858. L'année suivante, l'armée française battait les Autrichiens. Le traité de Villa-Franca, qui ne donnait qu'une demi-satisfaction au sentiment national de l'Italie, ranimait les vieilles rancunes du Piémont contre l'Autriche et ses convoitises toujours menaçantes.

VIII

Le concert européen, si nécessaire pour l'exercice de la tutelle collective du nouveau membre de la famille, se sentait frappé d'incapacité complète, dans l'exercice de ses épineuses fonctions, à l'égard des chrétiens d'Orient. Il a fallu les massacres en masse des chrétiens, l'incendie de leurs églises, de leurs couvents, maisons et villages au Liban et à Damas, sous les yeux des pachas turcs et en présence de l'armée du Sultan, pour motiver la conférence de Londres, l'occupation de la Syrie par une armée française et la punition de quelques-uns des assassins. Cette intervention violait la lettre du traité, sa vaine phraséologie, quant à l'indépendance et aux droits de souveraineté du Sultan ; elle en violait la lettre, disons-nous, et c'était l'unique moyen d'en respecter le sens. On sait d'ailleurs que même dans cette circonstance, malgré l'évidence des faits, l'ambassadeur anglais, Sir Henry Bulwer, successeur de Lord Redcliffe, continuait jusqu'au bout sa plaidoirie en faveur du gouvernement ottoman. Dans ses dépêches il a eu le triste courage d'assurer que les massacres du Liban et de Damas avaient été provoqués par les chrétiens, tout comme, en dernier lieu, un autre ambassadeur anglais, Sir Henry Elliot, accusait les Bulgares d'avoir provoqué les massacres qui avaient fait frémir l'Europe en 1876.

C'est ainsi que le principe même de la tutelle, implicitement consacré par le traité de Paris, était paralysé par la lutte permanente entre ceux dont l'action unanime seule aurait pu conduire le Gouvernement Ottoman dans la voie du salut. Le traité de Paris n'a servi, en réalité, qu'à précipiter la crise du malade qu'on voulait sauver à tout prix, à rendre l'agonie plus douloureuse pour la dynastie d'Osman et pour son empire.

IX

En apparence, la situation était on ne peut plus favorable pour le développement du système inauguré par les ministres turcs en 1839. Ces ministres ont exploité avec audace et habileté, à leur profit particulier, ces malheureuses populations, dont les grandes puissances affermissaient le servage par la clause même du traité qui garantit l'intégrité de l'Empire. Servage, disons-nous, sans métaphore aucune. A nos yeux l'Empire Ottoman n'est, en réalité, qu'une ferme de 100,000 lieues carrées, exploitée par 30 millions de serfs au profit de deux à trois mille individus. Ce dernier chiffre se compose du Sultan et de ses favoris et favorites, des ministres et de leurs créatures dans l'administration civile et dans l'armée, de quelques fermiers et sous-fermiers de différents impôts, de quelques banquiers européens, grecs, arméniens et juifs, qui avancent les sommes nécessaires pour les besoins du Trésor au taux de 12 à 40 0/0. Tous les États asiatiques sont constitués d'après ce même principe. Sous les deux fils et successeurs de Mahmoud, l'un faible d'esprit, l'autre violent, fantasque et capricieux, cette oligarchie de hasard se livra à tous les excès sous les aupices du Hatti-Sherif. Profusion de pipes et tasses à café garnies de diamants, étoffes du plus grand prix et châles des Indes, magnifiques équipages, bateaux à rames et à vapeur, kiosques élégants, jeu d'enfer et débauche de toute espèce, tout le luxe réservé autrefois aux Sultans, devenait l'apanage de cette oligarchie qui, depuis bientôt quarante ans, exploite sans frein aucun tout un empire. Dans une société formée d'éléments hostiles, sous l'influence prépondérante d'une race privilégiée, le droit despotique, tel que le Sultan Mahmoud savait l'exercer depuis la destruction des janissaires, pouvait seul diriger la réforme et en faire un moyen de salut.

X

On connaît à peine l'étendue des vastes projets de Mahmoud. Ils paraîtront chimériques à ceux qui n'ont étudié la Turquie que dans cette dernière période, ou dans les vieux documents diplomatiques ou scientifiques. Les témoins oculaires de la situation faite à la Turquie par la destruction des janissaires, des dérébeys et des pachas autonomes de l'ancien régime, dans le court espace de ces quinze dernières années, de 1824 à 1839, en jugeront peut-être autrement. Nous sommes sûrs, d'ailleurs, qu'on peut trouver à Constantinople même, parmi les hauts dignitaires ottomans, des personnes initiées au secret de la grande pensée du réformateur.

L'auteur de cette étude n'a d'autre titre à la confiance du lecteur que l'impartialité et l'indépendance de ses convictions, dont l'appréciation est livrée à tous ceux qui, comme lui-même, ont suivi de près les péripéties diverses de la question d'Orient, depuis plus d'un demi-siècle; à ceux qui ont la bonne habitude de fonder leurs jugements sur les faits et ne se laissent pas influencer par les formules banales de la diplomatie, par les élucubrations de la chancellerie ottomane et du journalisme. On sait que depuis un quart de siècle la presse figure pour une très-forte somme dans le budget de l'Empire Ottoman.

XI

Citons des faits : A l'époque même de la paix d'Andrinople, l'empereur Nicolas conçut l'espoir que le cours des événements, régi par la Divine Providence, amènerait tôt ou tard le sultan réformateur à sa conversion au christianisme. C'était là la seule solution du grand problème oriental, solution conforme aux intérêts de la Russie elle-même et à ceux du système européen. Déjà sous Abdul-Hamid, père de Mahmoud, et sous son oncle Sélim, s'étaient manifestées les tendances réformatrices qui, par la suppression des janissaires et de la féodalité, devaient fortifier le pouvoir souverain et lui assurer les moyens de maîtriser le fanatisme de la race conquérante, cet insurmontable obstacle à tout progrès intellectuel, social et politique. Le califat musulman, transplanté sur les rives du Bosphore, subissait déjà l'ascendant d'une civilisation supérieure. Dès le lendemain de son triomphe d'Et-méidan et de la suppression du corps des janissaires, Mahmoud s'est montré on ne peut pas plus favorable à ses sujets chrétiens. Point de firman, de Hatti-Sherif, de Hatti-Houmayoun ou Iradé! point de phrases ou de promesses de tolérance, ni déclaration quelconque ou engagement diplomatique garantissant l'égalité des droits civils et politiques entre chrétiens et musulmans. L'Action personnelle du souverain, son exemple et de simples dispositions administratives ont suffi pour faire respirer le raya opprimé et pour inaugurer une ère nouvelle à l'Église. Durant les deux années de la guerre contre la Russie, les rayas ont été à l'abri de toute persécution; la faveur du souverain leur garantissait la justice auprès des autorités administratives et judiciaires, d'une manière bien plus efficace que cela ne s'est pratiqué depuis la promulgation des lois trompeuses proclamées, en 1839, dans le pavillon des roses (Gulhané) et destinées à vivre ce que vivent les roses. Ces symptômes étaient significatifs. On sait que les musulmans tant soit peu civilisés ne croient plus à Mahomet et à ses rêveries. Les plus modérés d'entre eux, les derviches Mevlevis, par exemple, sont déistes. La majorité de ceux qui ont appris quelque chose, en dehors du koran, ou bien qui ont vu le monde, sont tout simplement matérialistes et n'en font pas mystère. Dans des moments de crise, comme celle que la Turquie traverse aujourd'hui, ce sont les plus fanatiques des musulmans. Dans l'état théocratique du kalifat la croyance à l'islam constitue un privilége social et politique inappréciable. Là surtout où la majorité des sujets confesse une autre religion, comme c'est le cas dans les provinces européennes de l'empire, l'islam constitue de fait, plus encore que de droit, une caste noble, ayant pour parchemin le signe de la circoncision; à elle la domination, la propriété territoriale, le port des armes, le droit de témoigner en justice; à elle l'exercice du pouvoir. Y a-t-il lieu de s'étonner que les libres penseurs de l'islam, les matérialistes qui ont hâte de jouir des biens de ce monde, parce qu'ils ne croient pas au paradis de Mahomet, sont précisément les plus fervents zélateurs d'une religion qui leur assure tant de beaux priviléges? La très-grande majorité des hommes pensants dans les régions gouvernementales de l'empire appartient, sans contredit, à cette catégorie de libres penseurs dans l'islam. Mahmoud en était et tout son entourage aussi. On cite à Constantinople bien de bons mots et des faits caractéristiques à cet égard. Après la destruction des janissaires, acte autorisé par l'interprétation donnée, au gré du Sultan, par le mufti et le cheikh-ul-islam au texte de la loi religieuse et politique qui régit l'état islamique, Mahmoud a pu respirer à pleins poumons le grand air du pouvoir despotique. Il était cependant obligé, par l'essence même de son pouvoir religieux, d'avoir recours aux docteurs de la loi et à leurs sophismes, pour légitimer chacun de ses actes dans le labeur herculéen de la réforme. Sa volonté de fer a été souvent réduite à plier, à tergiverser dans le cours des négociations suivies par l'intermédiaire de son fidèle et boiteux Hosrew (Topal-Pacha) avec les oulemas (jurisconsultes-théologiens). Il n'en a ressenti que plus de haine contre la religion qui mettait des obstacles perpétuels à la réalisation de ses salutaires plans de réforme. C'est à l'époque de sa lutte contre la Russie qu'il conçut l'idée de se convertir au christianisme, à l'exemple du premier empereur de Constantinople.

Il espérait que la nouvelle religion imprimerait une nouvelle vie à l'édifice politique de l'Orient qui menaçait ruine. Ce n'est pas sans raison que les zélés musulmans, qui comprenaient instinctivement la tendance de la réforme, lui ont donné le surnom de Ghiaour-Sultan-Mahmoud. Il est certain qu'à cette époque, l'apathie de la nation devant l'invasion russe, autant que la sourde opposition du corps des Oulémas au développement de la réforme, inspiraient au Sultan du dégoût et du mépris pour sa nation, comme au début de son règne la turbulence des janissaires lui avait inspiré cette haine implacable, qui couva dans son cœur quinze longues années. Son caractère de fer avait été trempé dans les épreuves qu'il avait traversées dès sa première jeunesse. Enfermé dans la prison du sérail avec son oncle détrôné, le sage et doux Sélim III, il a vu étrangler, sous ses yeux, ce malheureux prince. Placé lui-même sur le trône d'Osman par le pacha Mustapha Baïractar, vengeur de Sélim, il a dû subir, six mois durant, la tutelle de cet aventurier de basse extraction. Il fut témoin impuissant de la terrible lutte des janissaires avec l'aventurier dictateur sur la place de Sainte-Sophie, au milieu de l'incendie qui dura plusieurs jours et réduisit en cendres les plus riches quartiers de la capitale.

Le pacha, qui disposait du trône, et sa troupe

périssaient dans les flammes; les rebelles brisaient les portes du sérail pour détrôner Mahmoud et replacer sur le trône l'imbécile Mustapha, assassin de Sélim. Mahmoud se résigna à faire étrangler son frère. Resté seul rejeton de la race sacrée d'Osman, il brava l'audace des janissaires et jura leur perte.

Mahmoud n'aimait point les demi-mesures. Convaincu de l'impossibilité de constituer un État régulier et européen sous la loi de Mahomet, il médita la réforme du principe religieux même, qui, à ses yeux, comme aux yeux de tous les libres penseurs, n'est qu'un rouage de la machine gouvernementale.

Après la paix d'Andrinople, le Sultan envoya une brillante ambassade à Saint-Pétersbourg. Il s'agissait de gagner l'amitié de son puissant voisin. Cette mission fut confiée au fils adoptif du séraskier Hosrew-Pacha, premier personnage de la cour, cheville ouvrière de la réforme. L'ambassadeur Halil-Pacha, futur gendre du Sultan, avait à peine vingt-sept ans à cette époque (1830). Il était très-beau. Circassien de naissance, enlevé par ses compatriotes, fournisseurs d'esclaves mâles et femelles aux Turcs, il avait été acheté par Hosrew, élevé par lui, et était fier de son titre d'esclave. On sait que le marché d'esclaves a été de tout temps la pépinière des grands personnages de toutes les cours orientales. Halil avait fait ses premières armes en Morée, sous Ibrahim-Pacha. Il s'était distingué par sa bravoure dans la campagne de 1829. Il plut beaucoup à Saint-Pétersbourg. C'était un magnifique échantillon de la réforme. On voyait, pour la première fois, un Turc en habit d'uniforme étroit et élégant, au lieu de la robe de chambre traditionnelle, en bottines vernies au lieu de babouches jaunes, en calotte rouge au lieu du turban. Observateur adroit et éveillé, il adopta vite les manières élégantes des jeunes officiers de la garde impériale et leur désinvolture auprès des dames; il y apprit même le français. Il fut le lion, en un mot, et, mieux encore, il sut gagner la bienveillance de l'Empereur Nicolas. Le travail de la négociation pour le payement des indemnités, pour les affaires des principautés vassales, pour le règlement de la frontière d'Asie, incombait à son mentor, le Grec Wogoridis, promu plus tard à la dignité de prince de Samos. Le jeune pacha était spécialement chargé de la mission de représenter, de se faire aimer, d'offrir à la cour un modèle accompli de la nouvelle génération réformée par Mahmoud. A l'audience de congé, l'ambassadeur se présenta seul. Il fut introduit par le chef du département asiatique, le conseiller privé Rodofinitrine et le premier drogman du ministère russe, Fonton. L'Empereur lui remit une lettre pour le Sultan, en lui exprimant sa satisfaction de la manière dont il avait rempli sa mission. Il exprima le désir de lui être agréable.

L'ambassadeur, en recevant la lettre des mains de l'Empereur, la porta à ses lèvres et à son front et sollicita la permission de formuler une prière. A un signe d'encouragement de l'Empereur il dit : « Je serais heureux de porter un message verbal de Votre Majesté à mon souverain ; il y a peut-être des avis que Votre

Majesté ne voudrait pas confier au papier. Je m'engage à remplir scrupuleusement vos ordres. »

L'Empereur réfléchit un moment en souriant et en fronçant le sourcil en même temps. « Il y a, en effet, dit-il, des choses qui ne s'écrivent pas ; la meilleure preuve d'amitié que je puisse donner à votre maître, c'est un avis de ce genre ; mais je doute que vous puissiez le transmettre. » — L'ambassadeur s'inclina. — « Eh bien, ajouta l'Empereur, soyons tout à fait francs ; je ne vous charge qu'éventuellement d'un message verbal. Vous n'en ferez part à mon ami le Sultan, que si jamais l'occasion s'en présente, si vous pouvez redire à Sa Majesté mes paroles, sans risque aucun d'encourir son mécontentement. Je suis d'avis que pour le souverain, le moyen le plus sûr de consolider l'État, le trône, la dynastie, c'est de professer la religion de la grande majorité de ses sujets. » — Après une courte pause, il demanda à l'ambassadeur effaré, s'il croyait pouvoir redire ces paroles au Sultan ? — « Votre

Majesté, répliqua Halil, a daigné m'honorer d'un ordre éventuel. Il se peut qu'un jour l'occasion se présente de répéter textuellement à mon souverain ces paroles, qui resteront gravées dans ma mémoire, comme la preuve la plus évidente de la bienveillance de Votre Majesté pour mon pays et de son amitié pour mon maître. »

XII

A son retour à Constantinople Halil fut parfaitement accueilli par le Sultan. L'organisation de l'armée russe, les cérémonies de la cour, les uniformes et les manœuvres de la garde, les relations personnelles de l'Empereur avec les membres de sa famille, avec les ministres et le corps diplomatique, les fêtes et les parades fournissaient ample matière de récits au diplomate voyageur. Il se garda bien cependant de remplir auprès du Calife la mission délicate confiée à son discernement par l'empereur chrétien. Il consulta d'abord son père d'adoption, le vieux Hosrew. Il l'encouragea de son mieux à parler au Sultan, et lui fit entendre que celui-ci méditait déjà, depuis quelque temps, le projet, vague encore, de compléter la réforme et de régénérer l'État en déclarant le christianisme religion dominante dans son Empire. Les populations musulmanes, indolentes et stationnaires, étaient hostiles à la réforme ; elles prétendaient maintenir un état de choses incompatible avec le développement progressif de l'État. Les Oulemas formaient un corps d'opposition inerte, mais tout aussi dangereuse que celle des janissaires, que le Sultan avait dû sacrifier au salut de l'État. Les populations chrétiennes, au contraire, placées dans les conditions les plus défavorables, exposées à l'oppression des pachas et des juges, à l'arbitraire du plus misérable des musulmans, se développaient, s'enrichissaient et s'émancipaient. En présence des deux éléments juxtaposés, dont l'un avançait, l'autre dégénérait et rétrogradait, le gouvernement avait à opter. Le vrai sens de la réforme était la renonciation au passé, à toutes ces institutions surannées qui ont amené la décadence. Entre les deux éléments, dont l'un représentait le passé et l'autre l'avenir, le choix était évident. On voit où en sont aujourd'hui les gouvernements qui professent la foi de Mahomet, tandis que les États chrétiens avancent à pas de géant en civilisation et en puissance. L'œuvre du Sultan Mahmoud, le régénérateur de l'Empire d'Osman, ne serait accomplie que par l'adoption de la religion qui fortifie et civilise les États.

Ces idées étaient celles du Sultan lui-même et de ses principaux collaborateurs de cette première période de la réforme. Les hommes de cette trempe, sans religion aucune, nous l'avons dit plus haut, n'envisageaient la religion qu'au point de vue purement politique. Ils reconnaissaient le besoin de temporiser, de patienter, de réaliser d'abord la tolérance religieuse, l'émancipation du raya, la parfaite égalité du droit entre chrétiens et musulmans, de relever progressivement l'élément chrétien et de le rendre apte aux destinées qui lui étaient réservées dans l'avenir.

Mahmoud accueilit parfaitement le message de l'Empereur Nicolas. Il y vit, en effet, la preuve du bon vouloir de son voisin à l'égard de l'Empire et de la dynastie d'Osman. Il persévéra dans son système. Sa bienveillance à l'égard des chrétiens se manifesta par les actes personnels du pouvoir dans la répression des abus. Il s'abstenait de toute modification de la loi pour ne pas froisser les susceptibilités nationales, pour ne pas aliéner de plus en plus le corps des Oulémas au principe même de la réforme. C'était tout l'opposé de ce qui a été pratiqué plus tard, sous le fils de Mahmoud, jouet d'une intrigue du sérail et du ministère comme nous allons bientôt le voir. A l'époque dont nous parlons les bateliers du Sultan, ceux à qui il confiait sa vie dans les eaux capricieuses du Bosphore, étaient exclusivement choisis parmi les chrétiens. A l'installation du nouveau palais de Tchiragan, sa résidence favorite, il fit choix lui-même de quelques centaines de jardiniers, tous chrétiens. Des rations de riz et de viande pour compte du sérail, furent affectées à l'hôpital grec. Les débris de quelques bonnes familles grecques, qui avaient survécu aux sanglantes persécutions de 1821, furent réinstallés dans leurs propriétés confisquées. Chose inouïe dans les annales de la domination mahométane, — le Sultan contribua de ses deniers à la restauration de l'église de *Baloukli*, où les chrétiens de tous les rites vénèrent une image miraculeuse de la Sainte Vierge.

L'église grecque de Jérusalem succombait sous le fardeau de dettes contractées durant la crise terrible de 1821 à 1827 pour satisfaire l'avidité des pachas, des juges, de tous les fonctionnaires ottomans et des chefs arabes de la Palestine. Les lettres de change et actes hypothécaires entre les mains des créanciers du couvent grec montaient à plus de trente millions de piastres. La caisse était à sec. L'argent, l'or et les pierreries, pieuses offrandes conservées depuis des siècles dans les cachettes du Saint-Sépulcre, ces trésors traditionnels que l'imagination populaire grossissait et qui garantissaient autrefois le crédit du clergé, tout avait passé aux mains des créanciers. On menaçait de mettre aux enchères couvent, église et saints lieux. Le clergé fit un appel à la clémence du souverain. Mahmoud autorisa une quête publique dans toute l'étendue de son empire et dans tous les pays de la religion orthodoxe, y compris l'Autriche et la Russie, et régla la liquidation de ces dettes en dix ans par le versement annuel d'un dixième. Une somme de deux cent cinquante mille piastres, don personnel du Sultan, fut solennellement transportée du palais au patriarcat par plusieurs portefaix, pour mieux impressionner la population musulmane de la capitale. C'est par de tels actes patents et publics que le réformateur enseignait la tolérance et préparait l'émancipation du raya.

Après les révoltes successives de la féodalité bosniaque-musulmane, des Albanais convertis à l'islamisme, de plusieurs seigneurs féodaux et d'Abdoullah, pacha d'Acre, successeur lui-même du rebelle Djezzar, éclata, en 1832, la révolte bien autrement grave du

Pacha d'Égypte. La soumission impassible des populations musulmanes de la Syrie et de l'Asie-Mineure au fils de Méhémet-Ali, les sympathies manifestées par tous les musulmans des provinces asiatiques et européennes de l'empire en faveur d'Ibrahim, avant et après la bataille d'Iconium; les haines qui couvaient dans la capitale, même durant cette crise suprême de 1833, tous ces symptômes sinistres annonçaient le renversement de la dynastie d'Osman. La situation offrait des analogies frappantes avec le grand drame du xvi° siècle, qui porta à son apogée cette même dynastie, vassale du califat d'Égypte. Dans sa foudroyante campagne de 1516 à 1518, Sélim I⁻, surnommé le Terrible (Yaouz-Sultan Sélim), faisait la conquête de la Syrie et de l'Égypte, abattait les mamelouks, conduisait à Constantinople le dernier Calife de la maison dégénérée des Abassides, réduite aux seules fonctions sacerdotales, et lui accordait la vie et une grosse pension viagère, en échange de la papauté islamique, du califat, dont la maison d'Osman fut investie depuis cette époque. Le droit n'est qu'un des attributs de la force dans le dogme politique et religieux de l'Orient. Méhémet-Ali, successeur des mamelouks, maître de l'Égypte et de Candie, heureux conquérant de la Syrie et de l'Asie-Mineure, exerçait son prestige dans les provinces européennes mêmes de l'empire, après la défaite de la dernière armée du Sultan et la captivité du grand-vizir, Rechid-Pacha, dans la plaine d'Iconium. L'armée d'Ibrahim marchait sur Constantinople, et son père se disposait à s'y rendre par mer. Au bout de deux siècles de vasselage, l'Égypte prenait sa revanche. Aux yeux des vrais croyants qui accusaient Mahmoud d'hérésie, indépendamment de son droit de vainqueur, le vassal avait le pieux mérite de libérateur de la Mecque et de restaurateur du pèlerinage. On se rappelle que, depuis la moitié du xviiie siècle, les Sultans étaient impuissants à protéger la caravane des pèlerins contre les tribus nomades. La secte farouche des Wahabites, ces puritains de l'islam, profanateurs des villes saintes, n'a pu être abattue que par le maître de l'Égypte.

En butte aux rancunes et aux préjugés de ses sujets musulmans, Mahmoud a eu recours à la Russie. L'action vigoureuse de l'empereur Nicolas sauva l'empire ottoman en 1833, comme sa modération en 1828 l'avait sauvé d'une ruine tout aussi certaine. Vaincu et humilié par un vassal rebelle, redevable de son salut à l'ennemi de la veille, effrayé surtout des sentiments hostiles de ses sujets musulmans, de leur inertie et de leur trahison, plus que jamais Mahmoud plaçait son espoir dans les populations chrétiennes de l'Empire, qui progressaient, à vue d'œil, sous le régime inauguré depuis peu d'années par sa puissante volonté. Mais l'épreuve qu'il venait de traverser lui imposait des ménagements à l'égard des éléments militaires de son empire. Sa passion dominante fut désormais la vengeance. Pour vaincre le dernier et le plus formidable des vassaux rebelles, il fallait avant tout organiser la force armée, qui était fournie exclusivement par les vrais croyants. Son alliance même avec l'ennemi traditionnel de la race turque, et les susceptibilités que cette alliance réveillait dans l'islam, lui prescrivaient une certaine réserve, un temps d'arrêt dans la réalisation du grand projet qui devait renouveler l'Orient de l'Europe. Malheureusement pour la dynastie elle-même, autant que pour les nations chrétiennes de l'Orient, le réformateur, dans cette dernière période de son règne, se livra à la boisson. Il mourait de la maladie des ivrognes, du *delirium tremens*, en juin 1839, au moment même qu'il avait fixé pour l'accomplissement de sa vengeance, pour la punition du dernier des pachas rebelles. Le nouveau règne s'inaugurait par le désastre de Nézib, par la défection de la flotte, et par un complot du sérail et du ministère. Sous les auspices de la Validé Sultane, les ministres profitaient de la faiblesse du jeune Abdul-Medjid pour imposer des bornes au pouvoir despotique des sultans.

XIII

Quatre mois après la mort de l'homme dont le pouvoir despotique conduisait l'Empire à de nouvelles destinées, on donnait à la population de la capitale et à l'Europe la première parodie constitutionnelle, celle du Hatti-Sherif de Gulhané (4 novembre 1839). Le nouveau Sultan, enfant de dix-sept ans, débile et borné, prêtait serment publiquement, devant l'étendard du prophète, d'observer les principes nouveaux que cet acte consacrait dans l'administration de l'Empire: justice, tolérance religieuse, liberté de conscience, égalité de tous les sujets devant la loi, équitable répartition de l'impôt et de toutes les charges publiques, suppression de l'arbitraire dans tous les degrés du pouvoir, légalité absolue de tout acte administratif et judiciaire, abolition de la vénalité des charges et du fermage des revenus du fisc, etc., etc., en un mot, — adoption par l'Empire Ottoman des grands principes de 1789. Et tous ces principes découlaient des sources sacrées du Coran, qui se prêtait à toutes les interprétations théoriques. Le rédacteur de ce curieux document, Réchid-Pacha, connaissait l'Europe ; il avait été en Angleterre. En Europe on pouvait croire à son libéralisme, au but élevé de sa politique, tout en conservant des doutes, quant à l'efficacité de son œuvre, à la réalisation de son idéal. Les sceptiques lui attribuaient l'intention de capter la bienveillance de l'Europe en faveur du Sultan. Les grandes puissances venaient de se saisir du procès entre le Sultan et le pacha rebelle, qui, à cette époque, tenait dans ses mains les destinées de l'Empire et possédait toutes les sympathies de l'opinion publique de la France et du gouvernement de Louis-Philippe. Tel fut le jugement des sceptiques. Les hommes qui connaissaient de près les choses, qui savaient déchiffrer le vrai sens de la phraséologie officielle, ceux-là seuls ont vu dans l'acte de Gulhané le but principal du complot ministériel dont il émanait. Et, en effet, le sens vrai et pratique de cet amalgame des grands principes de 1789 et des prescriptions du Coran, se révélait dans la renonciation du Sultan à son droit de vie et de mort sur tous les fonctionnaires de l'État, dans la suppression de l'antique droit qui le constituait héritier des richesses extorquées, à la sueur de la nation, par l'arbitraire des pachas et des ministres. Jusque-là, les hommes au pouvoir, grands et petits, du vizir au zabtié (gendarme), avaient eu de tout temps la faculté de rançonner les sujets du Sultan. Ce droit était exercé avec discernement et modération par la raison que, dans les cas d'excès, les fonctionnaires étaient rançonnés, à leur tour, par leurs supérieurs hiérarchiques et à la longue leurs épargnes allaient grossir le trésor du Sultan, comme les ruisseaux des montagnes, les rivières et les fleuves portent leur tribut à l'Océan.

Personne ne contestera l'excellence de la nouvelle loi comparativement au monstrueux droit du despotisme oriental. Mais il est certain que de toutes les promesses de Gulhané, de tout ce magnifique système de lois nouvelles, lois incompatibles avec l'état moral et intellectuel de l'Empire Ottoman, la seule efficace, la seule mise en pratique et fidèlement observée par les souverains, fut précisément celle qui mettait un frein à l'arbitraire du souverain lui-même, qui, seul, dans un État asiatique, pouvait assurer le succès de la réforme. Quant à l'oligarchie de circonstance qui constitue le gouvernement de la Sublime-Porte et l'administration supérieure de l'Empire, la nouvelle loi lui assurait le privilége de l'impunité.

XIV

Nous avons dit plus haut qu'à nos yeux la Turquie est une ferme exploitée au profit de deux à trois mille individus par 30 millions de serfs. L'arbitraire du souverain, vrai propriétaire de la ferme, contribuait à modérer les abus de ses organes. Il était directement intéressé à la prospérité du patrimoine de la famille d'Osman. L'arbitraire lui fournissait des moyens sûrs et expéditifs pour châtier les excès. Tel était l'État turc jusqu'à l'avénement d'Abdul-Medjid. La réforme de 1839 a donné carte blanche aux ministres en limitant l'arbitraire du Souverain à leur égard, en leur assurant l'impunité et la tranquille jouissance du produit de leurs dilapidations. Sous le régime précédent, le Sultan était seul héritier légitime de tous les employés de l'État, indépendamment du droit de confiscation et de l'amende (Djérémé) qui constituait en même temps une des principales ressources du Trésor. Le souverain renonçait par serment public à ce droit. Les conséquences de cette renonciation se sont bientôt fait sentir : Appauvrissement progressif des classes laborieuses, misère du laboureur exploité par le fermier des dîmes, ruine finale de l'industrie manufacturière, luxe effréné des pachas et des harems ; fortunes scandaleusement accumulées en peu d'années par quelques ministres, gouverneurs, fermiers et banquiers; banqueroute formelle, audacieusement annoncée aux créanciers européens, qui avaient confié leurs capitaux à la loyauté turque. La Turquie n'avait pas un sou de dettes sous Mahmoud. De 1839 à 1854 elle a frappé du papier-monnaie, une cinquantaine de millions de francs peut-être. Depuis son entrée dans le concert européen, elle fut initiée dans la science occulte de la dette publique. Elle a escompté sur la plus vaste échelle l'avenir qui ne lui appartient pas. Ses dettes de toute dénomination représentent un capital de onze à douze milliards de francs, dont la moitié a été prélevée sur les Bourses de Londres et de Paris. Le service des intérêts de cette dette colossale exigerait la totalité des revenus de l'Empire. On sait que de 1854 à 1874 le paiement du coupon ne se faisait que moyennant un nouvel emprunt. Lors de la suspension du paiement du coupon, au printemps 1875, le grand-vizir, Nedim-Mahmoud-Pacha, disait à un diplomate étranger : « L'Europe nous a ruinés en nous enseignant à contracter des emprunts ; nous y avons fait face aussi longtemps qu'on nous faisait crédit. Qu'y pouvons-nous faire depuis qu'on nous refuse ce même crédit ? La majeure partie des capitaux qu'on nous a prêtés est retournée en Europe, soit pour le service de l'intérêt, qui a varié de 20 à 40 0/0, soit pour tout ce que l'Europe nous a fourni depuis vingt ans, armes, vaisseaux, instructeurs, instituteurs, etc. Nos alliés de 1854, après nous avoir poussés à la guerre, ont garanti notre intégrité et notre indépendance, toujours menacées par la Russie. Nous croyons avoir rempli leurs vœux, en pourvoyant à notre sécurité par nos cuirassés et par le nouvel armement de nos troupes. L'Europe doit nous en tenir compte. » Dans ce naïf bilan d'un passif de plusieurs milliards puisés dans l'épargne des nations chrétiennes, au profit des Turcs, Mahmoud-Nédim biffait les chiffres fort considérables qui répondaient aux frais de menus plaisir du sérail et des ministres. Il s'est également abstenu d'observer que la dette publique d'un État est une condition de sécurité, en ce sens, que les créanciers directement intéressés à sa conservation sont les avocats les plus zélés de ses intérêts et en font la propagande dans la presse. C'est ainsi que les ministres de l'école de Réchid-Pacha et de ses successeurs

Aali et Fuad, proclamés par l'opinion publique de l'Occident grands hommes d'État et bons patriotes, non contents d'exploiter la magnifique ferme orientale et ses trente millions de serfs de toute race et religion, ont réussi à exploiter, en même temps, les Bourses crédules de Londres et de Paris. A l'heure qu'il est la dette ottomane est cotée à 8 0/0, la nouvelle émission d'assignats, à cours forcé, a fait doubler le prix de toutes les denrées; un quinzième de la population de la capitale est réduit à la mendicité, et, — chose inouïe dans les annales de l'Orient, — on y voit des hommes mourir de faim ou se donner la mort. Nous avons plus particulièrement insisté sur la date de 1839 et sur le Hatti-Sherif de Gulhané. Les optimistes de l'Occident y ont vu une ère de régénération, de réforme politique libérale et de progrès social; les pessimistes — une simple parodie constitutionnelle, un gros mensonge à l'adresse de l'Europe. Nous ne partageons aucune de ces deux opinions. L'acte de Gulhané, loin d'être exclusivement une parodie constitutionnelle, a eu une immense portée dans les destinées de l'Orient, en ce sens, qu'il a coupé dans sa racine l'œuvre de la réforme si laborieusement poursuivie par Mahmoud II, et dont le succès aurait régénéré bien réellement l'Empire d'Osman et résolu la question d'Orient, en donnant un nouveau membre à la famille européenne et chrétienne. A notre avis, le diplomate russe dont nous avons cité l'entretien avec M. Guizot, au lieu de faire remonter l'origine de la question d'Orient, telle qu'elle se pose aujourd'hui, aux Croisades ou à la guerre de Troie, aurait pu simplement indiquer la vraie date, en citant l'acte de Gulhané, date fatale pour l'Empire des Sultans, pour les nations de la péninsule orientale et pour l'Europe elle-même.

CHAPITRE II

Nouveau système de persécutions et ses moyens d'action. — Problème historique posé par Napoléon III. — *Divide et impera*. — Habileté des Turcs dans la politique du sénat romain.

I

Le plus précieux des avantages acquis par la réforme de Gulhané au sérail et à la classe qui fournit tout le personnel administratif de l'Empire, c'était la perpétuité de la domination de la race turque. La nouvelle loi écarta le danger dont cette race se sentait menacée. La réalisation des vastes projets de Mahmoud aurait renouvelé l'Empire, au profit de la famille d'Osman, mais certainement au grand préjudice de la race turque, dégénérée, paresseuse et inaccessible à tout progrès social, en présence du développement progressif de ces populations chrétiennes, dont la supériorité est incontestable. Le jeune souverain, dans sa piété filiale, pensait peut-être compléter l'œuvre de son père et donner une nouvelle vie à l'Empire, sous les auspices de la religion. Il a fait tout le contraire. La force et le prestige du pouvoir despotique, seul capable d'édifier un nouveau corps politique en Orient, furent compromis à tout jamais. La question d'Orient, mal rongeur pour la famille entière des États chrétiens, offre depuis cette époque un problème insoluble.

II

L'acte de Gulhané a servi de début à tout un système de politique intérieure. Sous des dehors officiels de tolérance religieuse et sous l'action des mesures adoptées par le gouvernement, pour la mise en pratique de ses promesses, on a vu s'envenimer de plus en plus les haines religieuses, les rivalités de races. Les Turcs ont, de tout temps, excellé dans la pratique du grand principe de l'ancienne Rome, celui du *divide et impera*. En aucun lieu et à aucune époque, on n'a vu un développement aussi systématique, aussi vaste, aussi savamment combiné que celui de la Turquie de nos jours, dans l'art de semer la discorde. De tout temps, les éléments du lieu s'y prêtaient et en favorisaient l'application. Les sultans en avaient usé avec succès à l'égard de leurs grands vassaux, qui depuis l'affaiblissement du pouvoir central, sous les successeurs de Soliman le Magnifique, manifestaient périodiquement des velléités d'indépendance. C'est par ce même procédé que Mahmoud a réussi à se débarrasser des pachas rebelles, Pasvan-Oglou, Ali-Tépéléné de Janina, Moustapha-Pacha de Scodra, et tant d'autres. Ce principal ressort de la machine gouvernementale a fonctionné avec plus de succès, depuis la Charte de Gulhané. Il ne s'agissait plus de combattre un pacha par un autre pacha. Le pouvoir avait été définitivement centralisé par le dernier Sultan, les gouverneurs des provinces étaient réduits au simple rôle de fonctionnaires, toujours révocables. Le principe en question fut appliqué aux rapports entre les différentes races, religions et sectes, de cet amalgame de nations appelées à jouir des bienfaits ostensibles du nouveau régime. Les éléments constitutifs offraient de grandes facilités à une administration, dont tous les organes possédaient déjà une grande expérience dans l'art de semer la discorde, et d'en tirer des profits pour eux-mêmes, en argent, et pour le gouvernement, en influence. On a vu le gouvernement turc, à peine installé en Syrie, en vertu du traité de Londres de 1840 et à l'aide des armes anglo-autrichiennes, on l'a vu procéder, avec un art diabolique, aux déchirements du Liban. Maronites et Druses vivaient jusqu'alors en bonne intelligence, sous l'autorité moins immorale du pacha d'Égypte; c'est sous les yeux des agents et des vaisseaux de guerre des Anglais, que les pachas de Beyrout ont fomenté, à trois ou quatre reprises, la guerre civile entre ces tribus. Après une longue série de misères, le principe de la dualité du pouvoir fut appliqué au profit de l'autorité ottomane en 1845. En 1860, après une nouvelle guerre entre les tribus de la montagne, la Porte installait un pacha au Mont-Liban.

III

La querelle de 1840, entre le Sultan et son vassal, provoquait une crise européenne et des armements formidables des deux côtés du Rhin. Elle ébranlait le trône de Louis-Philippe et servait de prélude aux sinistres événements de 1848.

L'évaluation de ce que la Turquie coûta à l'Europe, en sang chrétien et en or, depuis ce premier acte de l'intervention collective des cinq grandes puissances, dans une querelle de famille entre un sultan et un pacha, cette évaluation offrirait des données très-édifiantes pour la postérité. Solidaires des sacrifices qu'on s'est imposés de gaieté de cœur, pour la perpétuité d'un régime démoralisateur et tyrannique dans le bassin oriental de la Méditerranée, nos fils et petits-fils, mieux que nous, sauront apprécier ce curieux épisode de la diplomatie du dix-neuvième siècle.

Les affaires du Liban sont trop connues de tous ceux qui conservent le souvenir de cette époque. Nous croyons superflu de signaler les procédés mis en usage par les pachas turcs pour exciter ces malheureux Maronites et Druses à s'entr'égorger, à brûler les villages et les plantations. Quelques années plus tard, les Druses procédaient à de nouveaux massacres des chrétiens dans le Liban et l'Anti-Liban, et, à leur exemple, les musulmans de la sainte cité de Damas, en présence d'une armée du Sultan et sous les yeux d'un pacha, gouverneur général, égorgeaient les chrétiens et brûlaient leurs églises et leur quartier. La complicité des autorités ottomanes a été constatée par l'enquête de 1860. La Sublime-Porte a toujours affecté de s'en laver les mains, en attribuant tous ces désastres à l'indomptable fanatisme des populations syriennes. On sait cependant que durant les huit années de l'administration égyptienne, les tribus syriennes se révoltaient souvent: mais elles ne s'entre-tuaient pas. C'est le régime, introduit par les efforts des grandes puissances en 1840, qui a inauguré l'ère des guerres intestines dans ce pays. Sous les Egyptiens, les chrétiens de la Syrie ont joui d'une parfaite sécurité. Les musulmans de race arabe, plus civilisés sans contredit que les Turcs, sont certainement moins fanatiques que leurs coreligionnaires de l'Asie-Mineure et de la Turquie d'Europe. Seul le pouvoir central, nous entendons les ministres et les gouverneurs généraux, sont les promoteurs ou instigateurs des grands forfaits, qui viennent périodiquement émouvoir le sentiment public de l'Europe et produire ces crises politiques, que la diplomatie est impuissante à conjurer, grâce à la situation qui lui a été faite par le traité de Paris. Les ministres ottomans auront toujours beau jeu au milieu de ce concert européen, dont les membres ne sont jamais sincèrement d'accord entre eux, même dans de simples questions d'humanité. On sait que l'ambassadeur anglais, Sir Henry Bulwer, s'est évertué à innocenter le ministère ottoman et ses agents des crimes de 1860 et à en rejeter tout l'odieux sur les victimes elles-mêmes.

IV

En 1858, lors de l'invasion du Monténégro par le généralissime ottoman, le renégat croate, Omer-Pacha, l'empereur Napoléon III posa à un diplomate étranger, versé dans les affaires d'Orient, cette question : Comment se fait-il que la nation la moins douée, la moins apte de développement politique et social, la moins riche et la moins entreprenante, parvienne à maintenir, pendant plusieurs siècles, sa domination sur des nations qui lui sont supérieures sous tous les rapports ? C'est pour moi, ajouta l'empereur, le plus curieux problème de l'histoire universelle. — Le diplomate demanda la permission de citer de simples faits qui, mieux que toute théorie, expliqueraient le secret de la puissance turque. « Les montagnards de la Samarie, dit-il, magnifique race arabe et toute musulmane, ont lutté avec éclat contre l'armée de Mehemet-Ali. A la longue, ils furent vaincus par Ibrabim-Pacha, l'implacable organisateur et niveleur. Il supprima la féodalité par le supplice et par l'exil, confia l'administration à un indigène influent de la famille Abd-el-Hadi, leva des revenus, préleva l'impôt, et, pour la première fois, l'autorité du gouvernement fut respectée dans ces pays conquis par les Turcs depuis plus de trois siècles. En 1840, les Turcs, à peine rentrés en Syrie, rappelèrent de l'exil les chefs féodaux Naplousains, ennemis de toute autorité gouvernementale. Cette mesure parut d'abord inepte; ce n'était cependant que calcul politique, tout au profit des autorités ottomanes. Un employé subalterne de la Porte, fut installé Mousselim à Naplouse. I ne disposait d'aucune force

armée et n'était accompagné que d'un scribe
et d'un porteur de pipe (Tchibouktchi). Il ne
pouvait exercer aucune autorité et n'avait aucune connaissance du pays, peu disposé à
l'obéissance sous le nouveau régime. Après
avoir recueilli quelques notions sur les antécé-
dents des familles influentes et sur leurs rivalités héréditaires, il alla faire des visites aux
représentants des maisons qui, depuis quarante
et cinquante ans, avaient eu des querelles féo-
dales entre elles. Il entretint quelques-uns de
ces messieurs, avec une bonhomie parfaite,
de la gloire de leurs ancêtres, exprima ses
regrets de l'injuste prépondérance de leurs rivaux, etc.... Au bout de quelques semaines,
des coups de fusil étaient échangés entre les
partisans des familles rivales; des maisons
étaient livrées aux flammes. Au plus fort de la
guerre civile, le Mousselim adressait aux uns
et aux autres des exhortations paternelles, en
style fleuri, prêchait la paix, qualifiait d'incon-
venances (style officiel) le meurtre et l'incendie.
Ce manége, qui alimentait plutôt la guerre

civile, il le continua jusqu'à ce qu'il eût vu tomber assez de victimes, pour que la réconciliation fût désormais impossible. Ce n'est qu'alors, qu'il adressa, aux chefs des deux partis, l'ordre péremptoire de se réunir en conférence chez lui, le vendredi après la prière. Ces hommes savaient parfaitement qu'ils seraient jetés en prison et envoyés en exil. Chacun des deux partis pouvait chasser le Mousselim et braver l'autorité du pacha, mais il n'osait pas se compromettre vis-à-vis du gouvernement, qui, dans ce cas, aurait embrassé la cause de l'adversaire et, par son aide, aurait écrasé le rebelle. Faute de pouvoir s'entendre entre eux depuis qu'il y avait du sang à venger, de part et d'autre, les quatorze chefs désignés dans l'invitation du Mousselim se rendirent chez lui et de là furent expédiés, sous une faible escorte, dans la forteresse de Saint-Jean-d'Acre. Les uns et les autres avaient été rançonnés par les Turcs durant la guerre civile. De leurs prisons, ils donnaient à leurs partisans respectifs l'ordre d'acquitter les impôts et de rivaliser d'obéissance et de dévouement auprès de l'autorité turque. Le même manége a été répété à plusieurs reprises et dans beaucoup de localités avec un succès toujours infaillible. — L'empereur Napoléon avoua que ce simple récit expliquait mieux le problème de la prépotence ottomane, que ne l'aurait fait la plus savante analyse du système gouvernemental de l'empire turc. Le diplomate compléta sa pensée en observant qu'à dessein il avait cité un exemple de l'intrigue turque, dans le sein de la population musulmane. Cette intrigue est bien autrement efficace et fatale lorsqu'elle s'exerce aux dépens des infidèles. Il montra, à ce propos, la scission qui se préparait précisément à cette époque (1858) entre les Grecs et les Bulgares sous les auspices de la Sublime-Porte. Nous verrons bientôt cette querelle gréco-bulgare aboutir à la séparation de l'église grecque de Constantinople en deux communautés rivales qui, tout en professant le même dogme, étaient réduites, à la veille de la guerre actuelle, à plaider leurs droits respectifs, auprès du gouvernement turc, au détriment de leur grand intérêt religieux, social et politique, intérêt indentique, sous tous les rapports, vis-à-vis de l'oppresseur commun. Dans la conférence de Constantinople, les représentants ottomans ont su tirer un excellent parti de la rivalité, que la sublime Porte avait si adroitement envenimée, depuis une quinzaine d'années, entre ces deux communautés également malheureuses et dont l'action commune aurait été une plus sûre garantie de leur émancipation que ne peut l'être l'action diplomatique du dehors.

CHAPITRE III

Réveil des nationalités. — Tendances de l'Hellénisme et ses effets préjudiciables pour l'unité de l'Orient chrétien. — Le sentiment de la nationalité pénètre dans les masses bulgares. — Conversion à l'islamisme par la fraude, et ses effets. — Les nations sous le régime turc et les procès internationaux jugés par la Sublime-Porte. — Municipalités hétérogènes régies par le Mufti et avantages assurés aux Turcs par la scission gréco-bulgare. — Terminologie nouvelle et définition géographique du pays bulgare. — Acharnement des Turcs contre les écoles. — Colonisation des Circassiens en Bulgarie.

I

Aux Grecs du royaume hellénique revient l'honneur d'avoir inauguré, dans l'Orient de l'Europe, l'aurore du sentiment de la nationalité. Jusqu'à la date mémorable de 1821, tous les chrétiens du rite oriental étaient confondus en un seul corps de nation sous le nom générique de *Roum*, Romain, héritage commun de l'Empire d'Orient. Les Grecs, en prenant les armes pour secouer le joug ottoman, ont invoqué l'antiquité classique. Les discours des orateurs et les camps révolutionnaires retentissaient des noms de Léonidas et de Thémistocle, de Marathon et de Thermopyles, de Salamine et de Platée. Ces noms magiques attiraient les sympathies de l'Europe et les généreux philhellènes.

Le savant homme d'État, Skinas, ancien ministre du roi Othon, à Vienne et à Berlin, regrettait profondément ce début de la guerre d'indépendance et jusqu'au nom d'Hellènes que les Grecs modernes se sont donné, en se séparant ainsi de leurs coreligionnaires de race slave, romaine et albanaise. A son avis on aurait dû invoquer plutôt saint Constantin, les Commènes et les Paléologues, ces noms qui réunissaient, en un seul faisceau, toutes les nationalités chrétiennes sous l'oppresseur commun.

II

Nous ne contestons pas la valeur théorique de cette idée, mais le succès pratique nous en paraît fort douteux. Le sentiment de la nationalité particulière de chaque race n'a jamais été étouffé par le despotisme brutal du conquérant ottoman, pas plus qu'il ne l'avait été sous l'Empire romain d'Orient. Le conquérant turc ne s'est jamais appliqué à gagner les sympathies des peuples conquis, à refaire leur éducation politique. Pour que le nom inscrit sur un drapeau devienne une force réelle, il faut que ce nom trouve de l'écho dans l'âme de ceux qui sont appelés à le suivre. A l'époque dont nous parlons, les Grecs seuls, dans la grande famille des rayas, étaient susceptibles de réveil. Leur lutte héroïque et leur affranchissement, plus que toute autre chose, ont contribué au réveil des nationalités, de ce sentiment vivace et contagieux, surtout lorsqu'il est fortifié par la foi religieuse. Dans le court espace d'un quart de siècle, les masses inertes de Bulgares, avilis et asservis bien plus que tous les autres membres de la famille orientale, ces Bulgares, qui n'avaient jamais donné de l'ombrage aux Turcs et que l'on avait lieu de croire parfaitement façonnés à l'esclavage, avaient déjà des écoles, des imprimeries et des aspirations fort inquiètes. On douta de leur esprit de patience, de leur résignation cinq fois séculaire, lorsque, pour la première fois, ils eurent manifesté le courage de la plainte. Leurs humbles requêtes, contre les abus des autorités locales et des percepteurs des dîmes, étaient soumises au gouvernement par l'intermédiaire du patriarcat de Constantinople. Elles n'obtenaient qu'une satisfaction dérisoire, accompagnée de magnifiques promesses, de professions de foi tirées du texte du Hatti-Sherif de Gulhané. La traduction bulgare de ce document circulait déjà dans le pays; elle était lue par le maître d'école, le prêtre et le moine lettrés.

III

Cet acte problématique dont nous avons commenté le vrai sens et la portée réelle dans la sphère administrative, tout en donnant le change à l'Occident, à l'Angleterre plus particulièrement, sur le progrès turc, sur le libéralisme humanitaire de la Sublime-Porte, servait, cette fois, de stimulant aux aspirations nationales du lieu et produisait un effet très-préjudiciable pour le prestige de la domination ottomane. L'enlèvement des jeunes filles et leur conversion forcée à l'islamisme se pratiquait cependant comme par le passé. L'aga turc qui n'était pas en état de payer les dix ou vingt mille piastres, que le marchand circassien exigeait pour l'esclave de contrebande, denrée fort renchérie depuis le blocus que le gouvernement russe avait établi contre le commerce d'esclaves du Caucase, l'aga polygame, disons-nous, faisait enlever une fille bulgare; deux témoins musulmans témoignaient, par-devant le tribunal de Mehkemé, que cette fille avait prononcé, en leur présence, la formule sacramentelle: Il n'y a de dieu que Dieu et Mahomet est son prophète (La Mahi il-Allah, Mahommed ressoul lah), et l'affaire était jugée sans appel; le calife lui-même était impuissant à casser la sentence. La victime et ses témoins chrétiens avaient beau-prouver qu'elle en savait pas même un mot de turc ou d'arabe, qu'elle n'avait jamais pensé à abjurer sa foi, — la sentence était irrévocable, comme le texte même du Coran. Les plaignants invoquaient la nouvelle loi, qui garantissait la liberté de conscience et défendait les conversions forcées. Le cadi répliquait que le texte même de la nouvelle loi, loin d'abroger la loi fondamentale de l'Empire, le Coran, ce qui l'aurait rendue blasphématoire, invoquait même le Coran, source de toute science, de toute loi divine et humaine. On rappelait au plaignant qu'une de ces lois divines condamnait à la mort le *Mourtad*, apostat de la loi de Mahomet, et l'on offrait à la convertie récalcitrante le choix entre le harem de l'aga et le dernier supplice. Dans les villes où il y avait des consuls européens, ces faits étaient portés à la connaissance des ambassades. Si par hasard les ambassadeurs parvenaient à obtenir des ordres d'enquête, les musulmans du lieu, pour épargner à leur gouvernement ces tracasseries et surtout le crime de la transgression de la loi sacrée du Coran, faisaient mourir la victime, sûrs eux-mêmes de l'impunité; car pas un musulman n'aurait prêté son témoignage à leur charge.

IV

On dirait que nous citons des faits du xviii⁰ siècle et, dans tous les cas, antérieurs à la réforme et aux Hatts impériaux. On se rappelle que l'assassinat des deux consuls à Salonique en 1876 a été provoqué par leur opposition à la conversion forcée d'une fille bulgare. On sait aussi que dernièrement encore, durant les conférences de Constantinople, le patriarche arménien, dans un mémoire présenté à la Sublime-Porte, citait les conversions forcées parmi ses ouailles de l'Asie-Mineure et sollicitait, comme une grâce, que la conversion à l'islamisme ne fut plus admise par le tribunal avant l'âge de la majorité du renégat. Le seul adoucissement à la terrible loi des Mourtads, adoucissement obtenu vers 1846, à grand'peine, par les efforts combinés de la diplomatie et par des négociations, qui avaient duré plusieurs années, ce fut le banissement à vie du chrétien, qui, après avoir été accusé d'apostasie, voudrait rester dans son église.

V

Le raya bulgare se résignait jadis à ces monstruosités, dont nous venons de donner un exemple, comme il se résignait au payement d'une triple dîme au fermier de l'Iltisam, à la perte du champ paternel, convoité par le voisin turc. Les premiers symptômes du réveil de la nationalité bulgare coïncidaient avec le Hatt de Gulhané, qui, comme nous l'avons dit, servait de stimulant à ces aspirations, timides alors et inconscientes. Le gouvernement turc en prit ombrage. Il savait, par expérience, que dans la situation donnée, le système de concessions progressives et réelles, offrait de grands dangers : il comprenait instinctivement que la légalité encouragerait la résistance du raya. Si jamais l'égalité, promise par la nouvelle loi, passait du domaine des phrases dans la vie pratique, c'en était fait des prérogatives de la race conquérante. Ces millions de chrétiens, sobres et laborieux, cette grande majorité de la population dans la Turquie d'Europe, devaient donc être sacrifiés à l'intérêt de l'État islamique, au principe conservateur, selon la théorie en faveur, auprès des hommes d'État turcs. Le progrès des sociétés humaines fait naître des idées nouvelles et des principes vivaces. L'État, qui refuse de les accepter franchement et loyalement, est condamné à périr. Dans l'Empire Ottoman, l'émancipation du raya, l'égalité devant la justice, occupent, sans contredit, la première place parmi ces idées. Mais le gouvernement turc, en acceptant ces idées, aurait commis un suicide politique, un acte d'abdication de la race conquérante au profit des ilotes. En présence du fatal dilemme, il a dû opter pour le principe traditionnel, de la lutte contre le progrès même; il se fiait à l'efficacité de ses vieux procédés. Il devait aussi des ménagements à la race conquérante, qui seule fournit la force armée et tout le contingent administratif. L'instinct de conservation domine les corps politiques aussi bien que les individus. Il se manifesta dans un vaste complot de l'administration à tous ses degrés, depuis le grand-vizir jusqu'au gendarme, complot tacitement organisé contre les populations chrétiennes.

VI

Le grand principe, *Divide et impera,* cet art, dans lequel le Turc excelle, comme nous l'avons dit, a été développé avec le plus grand succès et sur la plus vaste échelle. Le Gouvernement Ottoman a su tirer un excellent parti du réveil même de l'esprit de nationalité, qui pénétrait les masses bulgares. Les griefs plus ou moins fondés de cette nation contre le clergé grec étaient un précieux élément de discorde. Les affaires ecclésiastiques des rayas sont du ressort de la diplomatie ottomane. Tous les ministres, qui se sont succédé aux affaires étrangères, depuis Rechid-Pacha, le rédacteur de la Charte de 1839, se sont si bien appliqués à aplanir les difficultés, à concilier les réclamations nouvelles de la nation bulgare avec les antiques droits de l'église grecque, que déjà, vers 1860, un nombreux parti de Bulgares déserta l'église nationale. Cette conversion au catholicisme n'était qu'une bouderie; elle fut de courte durée. Il ne convenait pas à la Sublime-Porte de voir se multiplier le nombre des rayas, ouailles du pape et protégés par la France. Le Gouvernement Ottoman voulait autre chose. Les négociations furent reprises entre Grecs et Bulgares, sous les auspices du ministère des affaires étrangères. Les uns et les autres donnaient dans le piége; la querelle fut si envenimée que, dix ans plus tard, ils se séparaient définitivement; les Bulgares, tout en restant dans le giron de l'orthodoxie, se constituaient en corps de nation avec une hiérarchie particulière, indépendante du patriarcat de Constantinople, dont relèvent cependant les églises nationales des Roumains et des Serbes.

Le patriarche grec et son synode rendaient, à leur insu, un précieux service à la Sublime-Porte, en excommuniant le clergé bulgare en masse. A l'heure qu'il est, Grecs et Bulgares se haïssent réciproquement. Ce grand succès politique du ministère des affaires étrangères n'a pas été sans profit pour les fonctionnaires de tout grade. Plusieurs milliers de bourses furent dépensées par les communautés rivales. C'était une nouvelle source de revenus à enregistrer dans le budget des fonctionnaires publics, à côté de celui dont ils jouissaient de tout temps, dans les interminables procès entre les différents rites chrétiens : entre Arméniens, Grecs et Latins pour la possession des saints lieux de la Palestine ; entre Arméniens-grégoriens et Arméniens-catholiques entre Grecs-orthodoxes et Grecs-unis. Le procès de ces derniers pour le bonnet rond, carré ou octogone fit, dans le temps (1839-1845), les délices de la société de Péra et servit d'arène à une lutte diplomatique entre la France et la Russie. Toutes les églises chrétiennes ont fourni leur contingent de procès par-devant la Sublime-Porte. Nestoriens, Jacobites et Coptes, progressivement entamés par la propagande catholique ou protestante, avaient recours à l'autorité ottomane pour le maintien des immunités de leurs églises. La synagogue elle-même, partout ailleurs compacte dans sa circonférence, qui embrasse le monde, sans avoir cependant de centre, la synagogue a eu aussi des procès à vider par-devant les tribunaux turcs. On sait que la petite secte samaritaine, autrefois florissante dans son antique berceau de la montagne biblique de Garizine, a eu à vider de longs procès avec les Talmoudistes ; elle est réduite aujourd'hui à une quarantaine de familles.

VII

Nous n'attribuons certainement pas au gouvernement turc l'initiative de tous ces déchirements traditionnels, inhérents peut-être à la nature des lieux; nous constatons ces deux faits indéniables dans ce chaos de rivalités, — l'art profond que la race conquérante a su déployer, durant sa domination de plus de quatre siècles, à diviser et à dominer, et le profit matériel qui en découle pour les juges et les fonctionnaires ottomans. A ce double point de vue, l'affaire gréco-bulgare a été exploitée sur une vaste échelle. Pour en apprécier la portée, il faut se rappeler qu'on désigne par nation à part (Millet) chacune des communautés religieuses. C'est ainsi qu'avant la division des Grecs et des Bulgares, tous les habitants du rite grec, dans la Turquie d'Europe, avec les Lases orthodoxes de l'Asie-Mineure et les Arabes de la Syrie, formaient la nation grecque (Boum-Millety), tandis que la nation parfaitement homogène des Arméniens est divisée en trois nations distinctes, au point de vue administratif: Arméniens-grégoriens, Arméniens-catholiques et Arméniens-protestants. Chacune de ces nations est officiellement représentée auprès du Gouvernement par son chef religieux, patriarche ou évêque, assisté et contrôlé par des primats élus, qui gèrent les intérêts spéciaux de chaque communauté. Le même principe est en vigueur en tout lieu. Il y a, en Asie-Mineure, des communes de deux à trois cents familles, mélange de Chrétiens orthodoxes, d'Arméniens de trois rites, de juifs et de musulmans. Il y a, par conséquent, six municipalités distinctes et naturellement rivales dans la gestion des intérêts locaux. On comprend la force que ce fractionnement de la commune donne à l'élément musulman investi du pouvoir administratif et judiciaire. Les Medjliss, conseils municipaux de création nouvelle, n'ont servi, en réalité, qu'à relever la prépondérance de l'élément musulman, à lui imprimer la forme et la puissance d'un système organique, qui embrasse de son réseau tout l'empire. C'est le Mufti qui commente la loi, c'est le président musulman qui dirige les débats. Les principales questions à traiter, dans le sein de ces conseils municipaux, ont un caractère international plutôt que municipal; en effet, il s'agit le plus souvent de causes entre individus ou communes de rites rivaux, qui constituent, comme nous l'avons expliqué plus haut, les nations (Millet) dans l'organisation municipale et dans l'ordre administratif. C'est ainsi que ces conseils municipaux, ostensiblement destinés à faire prévaloir le principe de l'égalité et de la fusion entre les éléments divergents et rivaux de la population, n'ont servi qu'à aigrir les rivalités entre les rayas, qu'à paralyser et à démoraliser ces masses mineures, dont le développement donne de l'ombrage au maître du lieu. Nous ne parlons même pas de l'arbitraire administratif, dans le choix des conseillers municipaux, dérisoirement électifs de par la loi. De tout temps, l'autorité ottomane savait choisir, dans le sein des communes chrétiennes, des instruments de domination à sa convenance. Depuis la réforme, cet art a progressé au grand profit du principe démoralisateur, de cette arme infaillible entre les mains du despotisme dans ses luttes ténébreuses contre la liberté du peuple. On n'a qu'à voir de près le personnel raya, qui siége dans les Medjliss et le rôle passif qui lui est assigné dans ces conseils municipaux, sous la direction du Mufti, qui explique la loi, et du Moutassérif qui l'exécute. Il y a aussi des chrétiens investis de fonctions administratives. Le choix en est de nature à faire regretter, par les administrés, les administrateurs musulmans. Aux yeux des diplomates étrangers, la Sublime-Porte fait valoir le choix de ses complices Grecs, Bulgares et Arméniens, comme une faveur accordée aux communautés chrétiennes.

VIII

Cette digression servira à mieux apprécier les conséquences du schisme administratif qui a détaché l'église bulgare du siége patriarcal de Constantinople. Les plénipotentiaires ottomans, aux conférences de Constantinople, ont protesté contre le terme de Bulgarie dans la désignation des provinces habitées par la nation bulgare depuis mille ans. L'ambassadeur de Russie, croyons-nous, leur répliqua que, par ce terme géographique de Bulgarie, il désignait tous les pays où les Bulgares avaient été martyrisés par leurs concitoyens turcs, par les Circassiens que la Sublime-Porte avait colonisés au milieu d'eux, par les soldats réguliers et les bachi-bozouks, par les fonctionnaires ottomans. Cette définition émouvante et plutôt dramatique produisit une certaine confusion. Les rapports officiels des autorités ottomanes accusaient les Bulgares d'avoir massacré Turcs, bachi-bozouks et Circassiens. Chevkett-Pacha lui-même, l'organisateur du massacre général, se serait borné à la défensive selon la version officielle. Par égard pour les réclamations unanimes des représentants des grandes puissances, y compris celui de la Grande-Bretagne, ce pacha a été comdamné à l'exil; mais, soit que la Porte fût convaincue de son innocence, soit qu'il n'eût fait que remplir les ordres de son gouvernement en terrorisant un peu le pays selon l'usage traditionnel, il continue à jouir d'une parfaite impunité. Il n'y a donc pas de pays bulgare dans la géographie officielle de la chancellerie ottomane. Il n'y a plus même de nation Bulgare, selon les prescriptions de la nouvelle constitution, qui prétend effacer les nationalités, en en supprimant les noms, et faire une seule nation unitaire, de toutes ces races asservies et intentionnellement fractionnées par leurs dominateurs mahométans. A cette nation de fantaisie, on donne le nom de la famille régnante; on prétend par des noms nouveaux restaurer l'empire au profit d'une oligarchie de circonstance et d'une race dégénérée. A la mauvaise politique qui, en moins de quarante ans, a conduit l'Empire à la situation où il en est aujourd'hui, on veut remédier par des procédés littéraires tout à fait incorrects. Ce nom d'Ottoman ou d'Osmanlis, que la constitution nouvelle accorde, à titre de faveur, aux nations soumises, est encore plus haï par elles qu'il n'est redouté. Chez les Albanais et les Grecs, sujets du Sultan, c'est un terme injurieux. Les musulmans eux-mêmes de la Syrie et du désert, fiers de l'antique noblesse de la race arabe, ne voient dans le conquérant qu'un parvenu perfide et redoutable, mais avant tout barbare. La nationalité bulgare, que la constitution ottomane prétend pouvoir nier, en l'englobant dans la nationalité ottomane, a été officiellement reconnue par la Sublime-Porte, il y a moins de dix ans. Elle a admirablement servi le grand intérêt politique de la race dominante, en divisant en deux communautés rivales, la population du rite grec dans la Turquie d'Europe.

IX

Les deux races, bulgare et grecque, n'occupent pas de territoires distincts. Elle sont entremêlées dans la plupart des localités depuis la Macédoine jusqu'au Danube. L'élément grec prédomine dans les villes, ainsi que sur le littoral, depuis les bouches du Danube jusqu'aux frontières du royaume hellénique. Les Bulgares, pâtres et agriculteurs plutôt qu'industriels, marchands ou marins, occupent l'intérieur des provinces, la campagne, les vallées de l'Hemus. La délimitation de la juridiction ecclésiastique devait nécessairement soulever une foule de procès *internationaux*. Nous sommes forcés d'avoir recours à cette expression insolite qui correspond au sens officiel du mot nation, *millet,* dans la langue de la chancellerie ottomane. Les rivalités et les haines entre les deux races ne pouvaient que s'aigrir de plus en plus, et cela convenait au grand intérêt de la race dominante. Dans d'autres conditions et si les deux races asservies eussent été géographiquement séparées, l'établissement d'une église nationale bulgare aurait peu convenu aux intérêts turcs. Elle aurait favorisé le développement de l'esprit national, de ce cauchemar de l'administration. Déjà les écoles de ce malheureux peuple, ses livres d'éducation, la culture de la langue nationale, le progrès social et intellectuel d'une masse de cinq à six millions de rayas, qui depuis tant de siècles ont porté le joug avec une patience à toute épreuve, — tous ces nouveaux symptômes rappelaient à la Sublime-Porte les préludes de l'émancipation du royaume hellénique. Aussi se rappelle-t-on l'acharnement tout particulier des pachas, des

Circassiens et et des bachi-bozouks contre les écoles des filles et des garçons, contre les instituteurs et institutrices, lors des massacres de 1876. On se rappelle que des centaines d'enfants étaient massacrés ou brûlés vivants dans les écoles mêmes, les maitres d'école empalés ou pendus, les institutrices livrées à la brutalité des bachi-bozouks. Dans ces sanglantes bacchanales de 1876, les moins féroces des champions de l'islam vendaient en esclavage les filles et les garçons bulgares. Tout se passait absolument comme dans la Morée de 1821-1827, à la différence près, qu'à cette époque-là, le gouvernement turc, sûr de sa force, n'avait pas recours au mensonge officiel. Il déniait orgueilleusement à l'Europe le droit même de solliciter la clémence du souverain en faveur des victimes. La honte du crime est un pressentiment de la vertu ; mais en justice la dénégation du crime est une circonstance aggravante. C'est là la mesure du progrès accompli par les Turcs depuis la réforme. Une récente circulaire (Juin 1877) de Savfet-Pacha, ministre des affaires étrangères, en parlant des massacres de Bulgarie, persiste à qualifier ces massacres de *représailles*. Par convenance l'adjectif *justes* n'est pas ajouté à ce terme. Il est même dit, dans la circulaire, que ces représailles étaient contraires à la volonté souveraine; que les musulmans avaient été poussés au désespoir, etc... Aux yeux du gouvernement ottoman, l'échauffourée du mois d'avril 1876, dans quelques localités où un petit nombre de Bulgares, tout jeunes gens, ont eu recours aux armes, pour s'opposer à la violence de leurs persécuteurs, cette échauffourée devait nécessairement provoquer le massacre de la population et les hideux exploits des troupes ottomanes en mai et juin 1876. En plein régime d'égalité constitutionnelle, le gouvernement turc condamne aujourd'hui encore à l'exil les survivants de ces Bulgares rebelles, et accorde nécessairement l'amnistie à ses soldats, officiers et pachas, qui, deux mois durant, ont promené la mort et l'incendie dans des localités parfaitement paisibles.

X

Nous avons dit que depuis longtemps la Sublime-Porte observait avec inquiétude le réveil de la nationalité bulgare. Elle devait pourvoir à sa sécurité de ce côté. Elle y pourvut en provoquant la scission entre les Bulgares et les Grecs. En même temps, elle eut recours à une autre mesure, bien plus fatale encore pour cette malheureuse nation. Elle colonisa plus de cent mille Circassiens au sein de la population agricole de la Bulgarie.

Mieux qu'autrefois on connait aujourd'hui, en Europe, cette race indomptable. Dans son ignorance complète des choses de l'Orient, l'Occident se plaisait à entourer d'une auréole de poésie guerrière une race de brigands, dont la principale industrie a été de tout temps le commerce d'esclaves. Ils vendaient aux Turcs, aux Égyptiens, et à toutes les nations asiatiques, leurs propres enfants, aussi bien que les filles et les garçons qu'ils pouvaient enlever aux Russes, aux Géorgiens, aux Arméniens, aux musulmans même de leur voisinage. Leur lutte séculaire contre les Russes était considérée, par les nations occidentales, comme un noble effort de l'esprit national contre le conquérant. La guerre d'Orient a fourni à l'armée anglo-française l'occasion de voir de plus près ces héros légendaires, et, depuis lors, l'épopée caucasique a beaucoup perdu de ses charmes. On a trouvé même quelque analogie entre les Circassiens et les peuplades noires de l'Afrique, les non cannibales, qui fournissaient leur contingent aux négriers de l'Atlantique. Aux yeux du gouvernement ottoman réformé, les Circassiens avaient un grand mérite : la guerre qu'ils avaient faite si longtemps aux Russes les avait trempés dans le torrent du fanatisme mahométan. On entretenait soigneusement ce fanatisme par l'envoi de softas missionnaires dans le Caucase. Le cheïkh Chamyl, épouvanté lui-même des excès de ces tribus sauvages, qu'il s'était vainement flatté de constituer en corps de nation, avait fini par se soumettre aux Russes. Ceux qui n'ont pas voulu suivre son exemple et déposer les armes ont demandé l'autorisation d'émigrer. Le gouvernement russe, qui connaissait, à ses dépens, la nature indomptable de ces tribus, favorisa l'émigration à grands frais. L'Empire ottoman, de son côté, accueillit les Circassiens avec empressement. Le sultan Abdul-Aziz ouvrit en leur faveur une souscription dans tout l'empire, en donnant sur sa cassette privée cinq millions de piastres pour leurs frais d'installation. Sur près d'un demi-million d'hommes, qui ont émigré en Turquie, la moitié au moins a misérablement péri, dès la première année, à Constantinople même et sur le littoral asiatique. Le gouvernement turc a de tout temps mieux réussi à dépeupler ses provinces qu'à les coloniser. Sur le restant de l'émigration, plus de cent mille hommes furent dévolus à la Bulgarie. Les villages chrétiens de cette malheureuse contrée furent condamnés à construire, à leurs propres frais, des maisons pour les nouveaux venus, à pourvoir à leur installation, à les nourrir même assez longtemps. Il est à observer que les Circassiens ont été groupés spécialement dans les localités où la population chrétienne était en majorité. Le but de cette répartition systématique de l'élément nouveau était évident. A peine les nouveaux venus se sont-ils orientés dans le pays, qu'ils se mettent à l'exploiter à leur guise. Parfois les musulmans eux-mêmes avaient à se plaindre de leurs déprédations. On se ménageait cependant réciproquement. La situation respective faisait instinctivement entrer les nouveaux venus dans le grand complot de tous les éléments musulmans de l'empire contre l'élément chrétien, ce complot dont nous avons déjà signalé l'existence. Ce que les chrétiens ont eu à souffrir, ces dix dernières années, de la violence et de l'impunité des Circassiens, dépasse tout ce qu'on peut s'imaginer.

Aussi c'est en 1867 qu'on voit pour la première fois éclater un mouvement insurrectionnel à Sistovo même, celui des chefs bulgares Totti et Hittow. Midhat-Pacha, qui, à cette époque, était Vali de Roustchouk, doit sa réputation de grand administrateur à l'énergie qu'il sut déployer pour étouffer la révolte. Ses moyens étaient, en effet, très-énergiques. Il fit pendre ou livrer à la torture une soixantaine de jeunes Bulgares. L'année suivante, quelques centaines de Bulgares, qui n'avaient échappé à la mort, à la torture ou à la déportation qu'en émigrant en Valachie, traversaient audacieusement le Danube sous les ordres de Hadji-Dimitri, avec l'intention de pénétrer dans les Balkans et de révolutionner le pays; mais il fallait traverser la plaine. Cernés par l'armée régulière, les Circassiens et les bachi-bozouks, ils périrent tous en combattant.

On voit que ces essais d'insurrection, provoqués par les violences des Circassiens, par le mauvais vouloir ou l'impuissance des autorités à en faire justice, ont été cependant très-facilement comprimés, étouffés plutôt dans une petite quantité de sang ; ils n'ont pas nécessité un massacre général, la destruction de paisibles villages, la vente en esclavage des filles et des garçons sauvés de l'incendie des écoles. C'est qu'à cette époque-là, le fanatisme musulman n'avait pas encore atteint ce degré d'intensité où il en est, depuis que les softas sont parvenus à renverser le ministère d'abord, puis le Sultan, et à donner au gouvernement ottoman l'impulsion qui le dirige encore aujourd'hui sur la pente de ses sombres destinées.

CHAPITRE IV

La question sociale en Bosnie et Herzégovine. — Soulèvement des Slaves du Nord et recrudescence du fanatisme musulman. — Assassinats des consuls. — Midhat-Pacha et la destinée tragique de la famille de Mahmoud. — Troubles en Bulgarie et massacres. — La note de Berlin. — Dissentiments entre les garants et résistance obligée de la Sublime-Porte à l'action diplomatique collective. — Elle cède devant l'ultimatum de la Russie et oblige cette puissance à rentrer dans l'action collective.

I

Nous avons suivi pas à pas le développement du système imaginé par l'acte de Gulhané, le réveil du fanatisme musulman et les allures hypocrites de la Sublime-Porte, à travers les vicissitudes d'une longue période de décadence. La révolte des chrétiens de la Bosnie et de l'Herzégovine coïncidait avec la banqueroute du gouvernement ottoman, au printemps de

1875. Cette révolte des Slaves du Nord était provoquée par les excès féodaux de leurs congénères convertis à l'islamisme depuis deux siècles, tantôt par la violence, tantôt par l'appât de tous les droits politiques et du droit de propriété sur la totalité des biens ruraux.

Le raya chrétien, réduit au servage, est obligé, depuis cette époque, de cultiver au profit du seigneur apostat les terres, autrefois patrimoine de ses aïeux.

C'était à l'origine une question sociale plutôt que politique. Dans les pays limitrophes, en Autriche et en Roumanie, une loi agraire avait complétement modifié, depuis quelque temps, les conditions économiques des communes. Les aspirations nouvelles du raya slave étaient d'autant plus légitimes que les seigneurs terriens de ces provinces, indépendamment de leur droit de propriété, jouissaient de la prérogative de leur foi religieuse, faisaient partie de l'administration locale, et pouvaient impunément pousser à l'excès tous les abus du pouvoir.

Le gouvernement ottoman ne pouvait pas, il ne devait pas même remédier aux maux dont la population agricole avait à souffrir. Il ne devait pas favoriser le développement social du raya, aux dépens de l'autorité, si abusive qu'elle fût, des beys et des agas musulmans, seul appui de sa domination. Il fit marcher une armée de plus de cent mille hommes pour soutenir les abus féodaux de l'aristocratie musulmane. Dans l'état théocratique de l'islam l'intérêt religieux doit nécessairement dominer le temporel. La suppression des priviléges du seigneur musulman, l'émancipation du raya, auraient abouti, en peu d'années, à la constitution d'un Etat autonome. Les apostats de race slave, comme ceux de race albanaise, sont réputés médiocres zélateurs de Mahomet; ils méprisent la race turque; leur fidélité à la Sublime-Porte n'a d'autre mobile que la protection dont ils ont besoin pour exploiter légalement leurs congénères chrétiens. Sous l'empire de l'égalité entre chrétiens et musulmans, ces fils d'apostats n'auraient pas tardé à renier

Mahomet et à rentrer dans l'Eglise, que leurs aïeux ont désertée, pour jouir des priviléges sociaux et politiques attachés à la religion dominante. L'État, c'est l'islam, et le premier devoir des hommes d'Etat ottomans, c'est de veiller au salut de l'isman.

II

La longue résistance des rebelles à l'armée turque et à la milice des beys et agas a produit, dans toute l'étendue des provinces européennes de l'Empire, un frisson fanatique, précurseur de la crise de 1876. C'est à cette époque que les sentiments qui couvaient dans les masses, aussi bien que dans les régions administratives, éclatèrent au grand jour dans les troubles de Salonique, à l'occasion de la conversion forcée d'une jeune fille bulgare à la loi de Mahomet. L'assassinat de deux consuls nécessita l'intervention des grandes puissances. Des vaisseaux de guerre se rendirent, en toute hâte, sur les lieux pour prévenir le renouvellement des mémorables massacres de 1821. La Sublime-Porte a facilement consenti à payer une forte indemnité aux familles des victimes, mais elle a fait preuve d'un mauvais vouloir scandaleux, quant au châtiment des coupables.

De grands ménagements étaient dus aux populations musulmanes, fanatisées par la lutte qui se poursuivait dans les provinces slaves. La réclamation énergique des ambassades obtint enfin la pendaison de quelques assassins de vile condition ; quant aux autorités, dont la participation au crime avait été constatée par une enquête, la Sublime-Porte a dû condamner à la dégradation et à l'exil le commandant de la garnison de Salonique, Riffat-Pacha, mais aussitôt après la déclaration de la guerre par l'empereur de Russie, le Sultan s'empressa d'accorder grâce plénière à ce grand coupable.

C'est que la punition d'un pacha, convaincu d'avoir laissé égorger, par les vrais croyants, deux magistrats ghiaours froissait le sentiment religieux de l'islam.

III

A l'avénement d'Abdul-Medjid, fils ainé de Mahmoud, ce fut Rechid-Pacha, l'iniateur du progrès, l'homme libéral de ce temps-là, qui compromit à jamais l'œuvre du réformateur Mahmoud. La catastrophe qui mit fin au règne d'Abdul-Aziz, second fils de Mahmoud, fût l'œuvre de Midhat, l'idole des softas, celui qui a couronné l'œuvre de la réforme ottomane par la constitution du mois de décembre 1876. A l'égard de son prototype Rechid, il a su, par sa profession de foi libérale, capter la bienveillance de l'Angleterre, et devenir l'instrument de l'ambassadeur Sir Henry Elliot, comme l'autre avait été l'âme damnée de Lord Redcliffe. Il y a même une certaine analogie dans la destinée de ces deux coryphées du progrès turc. Rechid était haï par son souverain, qui, contrairement aux prescriptions de Gulhané, eut recours au procédé classique de l'Orient, au poison, pour se débarrasser de son grand-vézir. Plus heureux dans son véziriat de courte durée, Midhat a pu renverser deux sultans et imposer sa constitution au troisième. Mais il s'attira la haine de ce souverain, qu'il prétendait dominer par l'épouvantail des softas. En violation de la constitution, il fut envoyé en exil. C'est de loin et à l'abri de tout danger, qu'il contemple les convulsions du corps social qu'il a prétendu guérir de tous ses maux par la constitution, remède suprême et poison aigu à la fois, selon l'âge, les mœurs politiques et sociales et les forces vitales du malade, selon l'art et le degré de bonne foi du médecin qui a recours à ce remède. Nous en voyons les désastreux effets dans la crise intérieure qu'éprouve le colosse, condamné à une dissolution certaine.

A voir la destinée tragique des fils de Mahmoud, on dirait que la réaction du fanatisme musulman, en plein régime parlementaire, venge, sur ses fils et petits-fils, les projets du réformateur, son rêve peut-être de rajeunir l'empire caduc de l'islam par le baptême chrétien.

IV

Le mensonge officiel, inauguré à Gulhané, a procuré de beaux bénéfices aux hommes d'État de cette génération qui, depuis 1839, exploite à outrance l'héritage d'Osman, provoque des crises périodiques en Europe, au gré de ses convenances, et se fait prêter, par les capitalistes crédules de l'Occident, tout l'argent dont elle a besoin pour ses débauches plus encore que pour la flotte et l'armée de l'État. A la dernière heure elle a recours à la banqueroute. Par une fraude à l'usage des banqueroutiers de tous les pays, le ministère de Midhat-

Pacha, bientôt après son installation, flétrit le décret par lequel le Gouvernement précédent promettait au moins à ses créanciers 50 0/0 de ses dettes. Il s'engagea à payer intégralement le coupon dans l'espoir d'inspirer assez de confiance aux Bourses de Londres et de Paris, pour pouvoir contracter un nouvel emprunt. Cette fois, cependant, la réalité était trop évidente, le crédit faisait défaut, et les créanciers observaient qu'ils seraient fort heureux de toucher, au préalable, les 50 0/0 promis par Mahmoud-Nédim, le prédécesseur de Midhat. Le cynisme de l'ancien vézir méritait plus de confiance que la banale ruse financière du nouveau. Nous avons déjà dit que celui-là, en décrétant la banqueroute aux 50 0/0 justifiait cette mesure auprès des diplomates étrangers, par le refus obstiné des capitalistes de Londres et de Paris, de prêter la modique somme de deux à trois cent millions de francs, pour mettre la Sublime-Porte à même de payer le coupon, comme cela se pratiquait depuis vingt ans. Après l'échec des plans financiers de

Midhat, le Sultan Abdul-Hamid, pour avoir quelques millions de francs, est réduit à mettre en gage, à Londres, ses diamants, souvenir de l'antique splendeur de sa famille.

Nous croyons superflu de parler ici des contributions extorquées au pays à titre d'anticipation de deux années d'impôts de toute nature. L'émission de milliards de piastres d'assignats, au cours forcé, vient mettre le comble à la misère publique.

V

Telle est, à l'heure actuelle, la situation économique de l'État, qui possède depuis plus de quatre siècles les plus riches contrées du vieux monde. Quant à la situation politique, nous devons convenir que le malade de 1853 assez longtemps s'est servi, avec beaucoup d'adresse, des béquilles que lui avait prêtées le traité de Paris. La secousse produite par la révolte des chrétiens de Bosnie et d'Herzégovine a dérangé cet équilibre artificiel. Les grandes puissances jalouses d'un *statu quo* quelconque, ont épuisé leurs efforts à maintenir le colosse à sa place. La note Andrassy et le mémorandum de Berlin sont des preuves certaines de leur bonne foi parfaite, plus encore, croyons-nous, que de leur science infaillible en fait de palliatifs. La note autrichienne constatait, dès le mois de novembre, le symptôme le plus grave de la crise qui venait d'éclater : elle conseillait, à titre de palliatif, un essai de loi agraire, l'admission du témoignage chrétien, certaines franchises municipales, etc. Elle faisait même pressentir une nouvelle et prochaine crise en Bulgarie. Les six puissances garantes furent d'accord, cette fois, pour recommander la prescription d'un voisin, plus que quiconque versé dans la matière, et directement intéressé au repos, à la conservation du colosse atteint de paralysie. Les paralytiques ne doivent pas marchander la dose prescrite par la faculté. Mais la Sublime-Porte, faisant valoir les droits de souveraineté garantis par ces mêmes conseillers, prétendait négocier et avait recours au procédé qui lui avait tant de fois réussi, celui de contracter des engagements, d'accorder des concessions plus larges que tout ce qu'on réclamait, mais en ajournant, à des temps plus propices, ce qui devait être fait sans retard, sauf à trouver toujours de bonnes raisons d'ajournements indéfinis. Ce qui la gênait surtout et lui faisait accepter, en principe, la note de Vienne, c'était l'accord parfait des Puissances garantes, auquel cette note servait d'expression. La Sublime-Porte redoublait d'efforts pour écraser la révolte au plus vite. Maîtresse du terrain, elle aurait de meilleures chances de succès dans la négociation diplomatique. Les pourparlers avec les ambassades trainaient donc en longueur, à Constantinople, mais l'insurrection dans les provinces gagnait du terrain et menaçait d'un surcroit de complications.

Sur ces entrefaites, le crime de Salonique, et bientôt après, la déposition et l'assassinat, ou bien le suicide du Sultan, selon la version officielle du sérail, l'immixtion des softas dans le Gouvernement, la longue série de crimes qui en furent la suite, venaient imprimer un caractère aigu à la crise que l'Europe s'évertuait en vain à conjurer.

VI

En tout lieu, la saison du printemps met en fermentation l'élément révolutionnaire qui couve dans les masses en souffrance. Ce qui devait se produire en Bulgarie, en avril 1876, avait été prédit dès le mois de novembre 1875 par le comte Andrassy. Midhat-Pacha, chef du gouvernement de cette sinistre période, avait longtemps gouverné les Bulgares et réprimé, par de cruels châtiments, toute velléité de résistance, de cette population désarmée et éminemment pacifique, à l'oppression exercée par ses maîtres les Turcs et par les nouveaux hôtes du pays, les Circassiens. Midhat connaissait son peu d'aptitude pour l'insurrection. En punition du crime de rébellion de deux à trois cents jeunes gens, le Gouvernement envoya sur les lieux le féroce Chefket-Pacha, investi de pouvoirs discrétionnaires pour terroriser et pacifier la province. On commença par désarmer la population chrétienne dans toute l'étendue du pays bulgare; on fournit des armes à leurs concitoyens musulmans, on organisa le massacre, l'incendie, la torture, le viol et la vente des jeunes filles sur une vaste échelle. Une quinzaine de milliers d'hommes, de femmes surtout et d'enfants de tout âge furent égorgés dans cette épouvantable orgie, dont l'âme était le commissaire extraordinaire Chefket-Pacha et les plus actifs instruments, — ces mêmes Circassiens, qui tenaient à justifier les espérances que la Sublime-Porte avait placées dans leur zèle pour l'islam, en les colonisant au milieu des Bulgares.

VII

Dans ce même mois de mai, tandis que le gouvernement ottoman pacifiait, comme nous venons de le dire, le pays bulgare, une nouvelle consultation se tenait à Berlin.

Le mémorandum élaboré à trois, par les cabinets de Berlin, de Vienne et de Saint-Pétersbourg, modéré et courtois dans sa forme, admettait cependant l'éventualité d'un refus d'acceptation par la Sublime-Porte, et dans ce cas, — l'entente ultérieure entre les puissances garantes. Il fut adopté par la France et l'Italie. L'Angleterre seule n'y adhéra point, pour des raisons qui ne sont pas et probablement ne seront jamais éclaircies. Cette première manifestation de mésintelligence entre les cabinets, dans la pression à exercer sur la Sublime-Porte, pour conjurer la crise, inspira un nouveau courage aux ministres turcs. Les moyens de salut dictés par l'Europe étaient de tout temps diamétralement opposés à l'intérêt de premier ordre qu'ils avaient à cœur de faire prévaloir, — au privilége de la domination exclusive de la race des conquérants. Nous devons reconnaître d'ailleurs que, dans les conjonctures de l'époque dont il s'agit, les ministres ottomans ne pouvaient même pas accéder aux vœux de l'Europe. Pour renverser Mahmoud-Nédim et après lui le Sultan, Midhat-Pacha avait eu recours aux softas, à ce foyer du fanatisme national, déjà surexcité par les révoltes des chrétiens et par l'ingérence de l'Europe, au préjudice des droits du musulman à l'égard du raya. L'égalité entre vrais croyants et infidèles est une formule blasphématoire aux yeux des docteurs de la loi ; elle est contraire au texte sacré du Coran.

Les softas étaient, à cette époque, maitres de la situation dans la capitale ; leurs apôtres endoctrinaient la province. L'islam, c'est la patrie au point de vue de l'intérêt politique pour le zélé musulman et à plus forte raison pour les libres penseurs. Ceux-ci, ministres ou même docteurs de la loi, voient dans la religion dominante un privilége et en sont les plus fervents zélateurs, sans y croire et sans en observer les prescriptions. Les ministres ne pouvaient donc pas accepter le programme de l'Europe ; ils ne pouvaient pas impunément braver le courant qu'ils avaient déchaîné pour renverser Mahmoud-Nédim et Abdul-Azis. En le dirigeant ils avaient grande chance de succès à braver l'Europe. Ils se rappelaient qu'en 1853 leurs prédécesseurs, à l'aide d'une démonstration des softas, avaient rejeté la note élaborée, à Vienne, d'un commun accord, par ces mêmes puissances, et que cette audace avait provoqué la guerre d'Orient. Aujourd'hui comme alors, les dispositions de la cour de Russie étaient menaçantes. C'est aux instances de la Russie qu'on attribuait la note de Berlin. Dans l'éventualité d'une guerre avec la Russie l'élan du fanatisme musulman offrait une précieuse ressource. En cédant à la pression de l'Europe on se serait aliéné le sentiment national de l'islam, de la race qui fournit tout le contingent militaire et administratif. La sûreté personnelle des hommes du coup d'État et du Sultan, qu'ils venaient de placer sur le trône, leur imposait la nécessité de persévérer dans la voie qui les avait portés au pouvoir. Toute concession aux exigences de l'Europe leur aurait été imputée à crime par le parti exalté, leur complice et leur instrument.

Les massacres se perpétuaient en Bulgarie. Les excès même du fanatisme servent d'aliment à cette force vitale de l'islam. Les princes de Serbie et du Monténegro, longtemps contenus par les conseils de l'Autriche-Hongrie et de la Russie, ne pouvaient plus résister à l'élan de leurs nations exaspérées par les atrocités de l'armée turque dans tout le pays slave. La déclaration de la guerre par ces faibles États était à prévoir ; elle nécessitait de nouveaux efforts de la Sublime-Porte et des ménagements plus grands pour le sentiment de la nation appelée à une nouvelle lutte contre les infidèles. La Sublime-Porte s'appliqua dès lors à fanatiser les musulmans du Danube au Pinde, du mont Ararat à la mer Rouge et aux Colonnes d'Hercule.

VIII

Des considérations personnelles, aussi bien que l'intérêt politique et les devoirs du patriotisme, tels qu'ils sont dans l'islam, et plus que tout cela, l'attitude problématique du gouvernement anglais, traçaient à la Sublime-Porte la ligne de conduite qu'elle devait suivre jusqu'au bout, celle d'une opposition systématique et obstinée aux conseils et aux exigences collectives et plus ou moins unanimes des cabinets européens. Dans tout le cours de la négociation, les ministres turcs ont fait preuve d'un tact parfait, d'une infaillible perspicacité. Ils ne se sont pas laissé intimider par l'action diplomatique collective. Mais au premier symptôme d'une action isolée de la Russie, ils ont prudemment cédé devant l'ultimatum de cette puissance appuyé par l'ordre de mobilisation. La Serbie était définitivement vaincue et envahie ; cependant la Sublime-Porte signait un armistice, et par cette ingénieuse manœuvre elle obligeait la Russie à rentrer dans son rôle d'action diplomatique collective Elle était sûre que cette action collective devait aboutir à un échec, dès qu'il aurait été question des moyens de coërcition collective.

CHAPITRE V

Les conférences et la constitution ottomane. — Restriction du pouvoir monarchique et garantie des prérogatives de la race dominante. — Rupture des négociations et déclaration de la guerre par la Russie. — Les quatre derniers souverains et les quatre hommes d'État ottomans. — Justification de la conduite de la Sublime-Porte. — Erreurs du congrès de 1856. — L'ancienne Rome et l'empire ottoman.

I

Les ministres ottomans subissaient l'humiliation de voir s'ouvrir, dans la capitale même de l'Empire, une conférence européenne, appelée à traiter au préalable, en dehors du gouvernement ottoman, des questions d'administration intérieure de cet Empire. En attendant les résultats de cette conférence à six, ils élaboraient la constitution dont le texte devait fournir des répliques anticipées et péremptoires à toutes les réclamations qu'aurait pu formuler la conférence en faveur des chrétiens. Aux mesures partielles et modestes, à ces palliatifs recommandés par le concert européen, la Sublime-Porte opposait son remède héroïque qui devait régénérer l'Empire. Elle prenait toutefois ses précautions; elle organisait la représentation nationale de manière à garantir la prépondérance de l'élément musulman et son imprescriptible droit de domination. Nous avons expliqué plus haut comment ce même droit avait été garanti dans la composition des conseils municipaux. La constitution limitait aussi, au profit des ministres, les droits souverains du Sultan, si gravement compromis déjà par la déposition successive de deux princes; elle relevait, en même temps, aux yeux de la nation, la force et l'indépendance du gouvernement vis-à-vis de l'Europe. Enfin, c'était un titre nouveau à la bienveillance du public anglais, disposé, comme l'honnête public de tous les pays, à juger les choses par le nom qu'elles portent.

II

Depuis quelques années déjà, la constitution fonctionnait en Egypte, pays musulman, infiniment plus homogène que la Turquie d'Asie et que la Turquie d'Europe surtout. En Égypte, la race conquérante, le Turc, exerce sa domination sur la population indigène, sur les fellahs musulmans, paisibles laboureurs, dont l'état social s'est à peine modifié depuis les Pharaons. Façonnés depuis Cambyse et Artaxerxès, échus au joug de l'étranger, ils sont exploités par leurs maîtres, Perses, Grecs, Romains, Arabes ou Turcs; ils sont faciles à vivre et ne se soucient d'aucune liberté politique. La constitution octroyée par le vice-roi n'a été, en réalité, qu'une mesure financière, dont le fellah n'a ressenti aucun effet, si ce n'est une aggravation d'impôt. La constitution égyptienne a cependant relevé le crédit de l'État. Les descendants de Méhémet-Ali ont rivalisé avec ceux du sultan Mahmoud, dans l'art de contracter des emprunts aux Bourses de Londres et de Paris. Malgré leurs gaspillages, ils n'ont pas encore décrété la banqueroute, et, au besoin, ils pourraient contracter de nouveaux empruts. Midhat-Pacha se flattait donc de l'espoir que la panacée constitutionnelle ferait aussi affluer quelques millions de livres sterling dans les caisses de l'État, complétement vides. Cet espoir fut déçu; le Parlement n'a pu décréter qu'emprunt forcé, papier-monnaie, etc.

Dans la question politique, le corps législatif a fait ce qui était à prévoir. Les concessions progressivement consenties par les plénipotentiaires ont échoué devant l'obstination de la Sublime-Porte, motivée par le sentiment unanime du pays et les manifestations patriotiques de la Chambre. En provoquant la rupture de cette négociation, unique dans les annales de la diplomatie, la Sublime-Porte pouvait compter sur les dispositions pacifiques de l'empereur de Russie, autant que sur l'assistance active de l'Angleterre, dans l'éventualité d'une guerre avec la Russie. Cette confiance, qui datait du temps où le ministère anglais cachait soigneusement, durant la session parlementaire de 1876, les massacres de Bulgarie, cette confiance venait d'être raffermie par le double rôle que le ministère anglais a joué, durant la négociation, et par le scandaleux désaccord entre Lord Salisbury et Sir Henry Elliot. La Sublime-Porte avait cependant de plus solides raisons de compter sur ses propres forces. Sa formidable flotte cuirassée dominait la mer Noire. La Russie n'avait à lui opposer qu'un seul vaisseau de nouvelle construction, spécialement destiné à la défense d'un point du littoral. Les deux dernières guerres, de 1828-29 et de 1853-56, ont relevé le rôle assigné, à la marine, dans les opérations des armées de terre sur les deux continents, théâtre des guerres turco-russes. Les forteresses du Danube et de l'Arménie étaient mises en état de défense; une seconde flotte cuirassée gardait le Danube; l'armée, déjà très-nombreuse, était aguerrie par sa longue lutte contre les rayas rebelles et fanatisée par ses propres excès; elle pouvait être indéfiniment recrutée dans les masses des vrais croyants. Le monde musulman se remuait jusqu'à ses extrémités. Depuis un an, les émissaires softas fréquentaient avec assiduité le Caucase, la Crimée et jusqu'aux provinces éloignées de d'Astrakan et de Kasan. On espérait soulever, au nom du Koran, les quelques millions de sujets musulmans du Tzar. On faisait un pathétique appel aux populations de l'Asie centrale soumises à la Russie depuis peu d'années; on demandait des guerriers et des subsides aux Indes et au Maroc, au nom de l'islam en péril. En réalité, le péril se bornait à la nécessité de mettre un frein au débordement du fanatisme turc contre les sujets chrétiens du Sultan ; mais la Sublime-Porte voyait, dans l'exaltation de ce même fanatisme, la plus sûre garantie de ce qui, à ses yeux, constituait le droit imprescriptible de la race turque. Elle n'exagérait pas la gravité de la situation et déployait la plus grande énergie pour conjurer le danger.

Elle n'a pas commis la faute de s'en remettre entièrement aux sympathies du ministère britannique ; elle a pourvu aux nécessités de la guerre dont elle était menacée. La déclaration de guerre par la Russie ne l'a pas prise au dépourvu ; mais il est certain qu'elle lui causa une pénible surprise. Jusqu'au dernier moment, elle se flattait de l'espoir qu'Alexandre II n'irait pas au delà d'une rupture des relations, comme son oncle Alexandre Ier l'avait fait en 1821, après le martyre du Patriarche et les massacres des chrétiens. La Russie, liée par la récente négociation à sept, n'affronterait donc pas un tête-à-tête, à coups de canon, en dépit de l'Europe qui voulait la paix à tout prix. Cet optimisme de la Sublime-Porte est prouvé par l'émotion que le départ de l'ambassade russe produisit à Constantinople. Le ministre des affaires étrangères, l'honnête Safvet-Pacha, pria même le chargé d'affaires de Russie d'ajourner son départ, d'attendre une dernière délibération du cabinet. Une réaction subite se manifesta dans la disposition des softas eux-mêmes, qui, la veille encore, prêchaient la guerre contre le Moscov-Ghiaour, et insultaient l'ambassade de Russie.

III

On ne nous accusera pas de partialité pour les Turcs, pour la Sublime-Porte en particulier. Mais à notre point de vue, la conduite du ministère ottoman, dès le début des complications actuelles, est parfaitement logique, correcte et conforme à l'idée turque, quant aux devoirs du patriotisme et de la morale politique. La religion, l'éducation, et des siècles de domination ont inspiré à la race ottomane la certitude de sa supériorité, de sa position privilégiée. L'Europe a tout fait de son côté pour fortifier les Turcs dans leur orgueil de race. A l'époque de leur grande puissance, avant et même après la bataille de Lépante, elle subissait toutes les insultes de leur barbarie, toutes les violations du droit des gens. Dès qu'ils ne furent plus à craindre, les grandes puissances s'humiliaient à solliciter, à titre de faveur, des capitulations pour leurs nationaux et des tarifs pour leur commerce. Dans le cours de cette période de décadence qui date de 1821, elles rivalisaient de zèle pour le salut de la Turquie. Aujourd'hui encore les prisonniers turcs, ces mêmes hommes qui, dans les combats, mutilent les cadavres et coupent les têtes des prisonniers russes, sont les bienvenus en Russie. Aux stations des chemins de fer, certaines dames vont leur offrir des bouquets et du tabac. Aux yeux d'un prisonnier européen, ces égards seraient considérés comme une simple démonstration de l'hospitalité moscovite ; aux yeux du Turc, c'est un hommage rendu par un être inférieur, hommage auquel la condition du raya de son pays l'a de tout temps habitué. Le chrétien, à quelque nation qu'il appartienne, est un être inférieur. Le musulman peut reconnaitre l'habileté plus grande du chrétien dans les arts et dans les sciences, comme l'homme reconnait que le poisson nage ou que l'oiseau vole mieux que lui; mais dans l'ordre même de la création, le musulman est un être supérieur par son essence morale, par son passé illustre, par les droits inhérents à sa profession de foi, sincère ou affectée. L'égalité entre musulmans et chrétiens, l'égalité comme nous la pratiquons en Europe, serait un arrêt de mort pour l'Empire turc en Europe. Les ministres turcs peuvent-ils de gaieté de cœur consommer un acte de suicide politique ?

Notre point de vue peut paraître erroné, passionné, sophistique même à ceux qui n'ont vu que la surface des choses, qui n'ont étudié la Turquie que dans les traités et les dépêches, ou bien dans les délicieuses résidences des grands personnages de l'empire, sur les rivages du Bosphore. Nous en appelons au jugement des hommes qui ont sérieusement étudié l'Empire ottoman, la législation, les mœurs politiques et l'organisme social de cet État, à ceux qui ont traité des affaires avec l'Administration dans les provinces ottomanes, qui ont eu l'occasion de voir de près les rapports qui existent entre la race, la communauté religieuse dominante et les nations conquises. Nous invoquons surtout le témoignage de ceux qui ont suivi sur les lieux, dans la province surtout, depuis bientôt quarante ans, la marche que la Réforme de 1839 a imprimée à l'action gouvernementale, aussi bien qu'au développement social du pays. L'œuvre de Rechid-Pacha, dont nous avons expliqué le vrai sens dans les premiers chapitres de cette étude, a eu le rare bonheur de trouver trois continuateurs, Fuad, Aali et Midhat, hommes d'une supériorité incontestable et d'une tournure d'esprit parfaitement appropriée au but inavoué du firman de Gulhané. Durant cette même période, l'héritage de Mahmoud passait de son fils aîné, Abdul-Médjid, homme doux et d'une incapacité complète, au fils puiné, Abdul-Aziz, capricieux, fanatique et dissipateur indolent ; après lui, aux deux petits-fils, dont l'aîné, Mourad était frappé d'idiotisme au bout de quelques mois de règne, et le second, celui qui règne encore, et qui, sous la pression des softas, a dû accepter la constitution de Midhat-Pacha. La nullité parfaite de ces quatre successeurs de Mahmoud a singulièrement favorisé le travail occulte des quatre ministres dont nous venons de citer les noms.

Durant cette même période néfaste de trente-sept ans, l'Europe se convertissait, de plus en plus, à la croyance que son propre salut exigeait la conservation de l'Empire turc avec ses attributs de souveraineté et d'indépendance. Ce fut un dogme politique, un principe fondamental du droit public européen. L'empereur Nicolas lui-même en subissait l'influence. Il répudiait la grande pensée de l'impératrice Catherine II. Il appliquait à l'ennemi traditionnel de sa nation le principe conservateur, dont il était lui-même la personnification la plus exagérée(1). Il conve-

---

(1) Vers la fin de 1853, lorsqu'il y avait encore espoir de s'entendre avec les puissances occidentales, on discutait dans l'inti-

nait du mauvais état du malade, son voisin, mais il voulait voir se prolonger ses jours. Deux grandes puissances, l'Angleterre et l'Autriche, étaient les champions zélés et les protecteurs de l'État ottoman contre toute vélléité de renaissance chrétienne dans la péninsule orientale de la Méditerranée. La France, autrefois favorable à l'émancipation du raya, trahissait ses glorieuses traditions bourboniennes, depuis qu'elle avait confié son épée à Napoléon III, dont la politique étrangère n'a été qu'une série de déceptions. La France devenait aussi un des champions de la Turquie, et signait avec

---

mité du palais, en présence de l'empereur Nicolas, l'éventualité de la chute de l'Empire ottoman et l'établissement d'une confédération d'Etats autonomes, qui l'auraient remplacé.—Et que ferons-nous de Constantinople? demanda l'empereur. On cita alors les projets de sa grand'mère. — L'empereur exprima ses doutes que ces projets ne fussent réalisables même à cette époque-là, et sa conviction que jamais ils ne le seraient. Il observa que l'établissement d'un nouvel empire d'Orient sous un prince de sa famille aurait de grands inconvénients pour la Russie elle-même. Le grand-duc Constantin venait de quitter le salon ; en l'indiquant du geste, l'Empereur ajouta : « Celui-là, s'il était placé sur le trône d'un empire d'Orient, serait l'allié fidèle de la Russie, mais je ne répondrais même pas de ses enfants. A tous les embarras que nous donne Constantinople et qu'il nous donnera toujours

l'Autriche et l'Angleterre le problématique traité du 15 avril 1856. La Sublime-Porte devait nécessairement se persuader que l'Europe ne pouvait pas se passer d'elle. Enfant gâté de la famille, elle pouvait bien se permettre des caprices, et braver impunément frères et cousins de sa nouvelle parenté, par son droit supérieur, comme jadis elle les avait fait trembler par sa force. Ce n'est donc pas la partialité, c'est la logique des faits qui nous oblige à faire l'apologie de la Sublime-Porte.

---

par sa situation géographique, n'allons pas ajouter le plus amer des maux, les querelles de famille. »

Quoi qu'on dise des projets ambitieux de l'empereur Nicolas, il est notoire qu'il déplorait l'aveuglement de la coterie qui rêvait tantôt la conquête de Constantinople, tantôt la restauration de l'empire chrétien d'Orient sous un prince russe. Ce qu'il voulait avant tout, c'était d'avoir sur le Bosphore un voisin facile à vivre, assez tolérant pour ne pas contrarier le développement naturel des populations chrétiennes et assez fort pour maintenir la discipline dans l'Etat malade, en attendant que les héritiers légitimes de ce malade, les populations orientales, arrivassent à la majorité. Il ne voulait pas un voisin assez fort pour menacer la Russie. Dans l'éventualité d'une crise qui aurait amené la chute de l'empire ottoman, l'empereur Nicolas était d'avis que Constantinople devait être constituée ville libre municipale, sous la garantie collective des grandes puissances.

IV

Nous insistons sur ce point que toute la conduite de la Sublime-Porte, depuis les premiers troubles de la Bosnie et de l'Herzegovine au printemps de 1875, jusqu'aux récentes atrocités de ses soldats sur ses sujets bulgares et arméniens, et sur les cadavres de ses ennemis, les soldats russes, a été parfaitement logique, patriotique et correcte, au point de vue du grand intérêt de l'État islamique. Sa dernière ressource dans la guerre est le fanatisme religieux, qui puise des forces nouvelles dans ses propres excès. A une époque de décadence, de décomposition sociale même, en pleine banqueroute, au milieu d'une crise anarchique dans la capitale même, la Sublime-Porte met sur pied une armée de cinq cent mille hommes, qui se bat avec résignation et un courage farouche en Europe et en Asie, sans recevoir ni solde, ni équipement et parfois ni ration même de son Gouvernement. Les derviches et les fakirs attachés aux régiments du Nizam animent, par leurs exhortations et même par leurs hurlements, les rangs des vrais croyants et exaltent leur haine contre les chrétiens.

Depuis des siècles, le fanatisme turc n'a atteint un si haut degré de puissance. Pour réserve, le gouvernement ottoman tient à sa disposition tous les vrais croyants, sujets du Sultan dans les trois continents, toute cette population familière, dès l'enfance, avec l'usage des armes, et toujours prête à se battre contre l'infidèle. La guerre contre l'infidèle est un devoir religieux. Tout musulman est né soldat; il est obligé de courir en armes à l'appel du Sultan, souverain pontife, vicaire du prophète-soldat.

Le Gouvernement est tenu à cultiver ce sentiment, force supérieure de l'État. Le développement extraordinaire de cette force rappelle les plus beaux jours de l'orageuse jeunesse de la race d'Osman. Il est dû aux efforts des ministres de la Réforme, les libres penseurs de l'école de Rechid, de Fuad, d'Aali et de leur habile continuateur Midhat-Pacha. L'œuvre dont nous avons esquissé la marche se poursuivait, de longue date, dans la prévision des révoltes du raya et de l'agression du dehors. Cependant l'Europe croyait le fanatisme musulman résigné aux nécessités de la situation nouvelle faite à la Turquie, depuis son entrée dans la famille européenne. L'opinion publique applaudissait aux principes de tolérance et de progrès libéral; elle croyait aux phrases fleuries de la chancellerie turque, à l'intérêt pathétique du Gouvernement en faveur des sujets chrétiens du Sultan; elle croyait aux Hatti-Shérifs et Hatti-Houmayouns, à tous les actes qui, dans la pratique de l'administration turque, servaient de stimulants au fanatisme national.

Sous le charme de cette illusion, les signataires du traité de 1856 proclamaient la haute valeur d'un mensonge officiel, de l'un des jalons décoratifs dans la voie du progrès, que la Turquie parcourait depuis 1839. Les diplomates ont leur excuse dans leur complète ignorance des hommes et des choses de la Turquie. Il n'y avait, aux conférences de Paris, que le premier plénipotentiaire de Russie, le comte Orloff, qui eût connu de près le gouvernement de Constantinople, mais sa position au congrès lui imposait une grande réserve. On voit dans les protocoles de la conférence qu'il a hésité à reconnaître, séance tenante, la haute valeur du document en question ; il déclara même que la Russie n'avait jamais réclamé des concessions aussi larges en faveur des chrétiens. Pouvait-il exprimer toute sa pensée, son incrédulité parfaite qui perçait dans cet éloge ironique ? On savait d'ailleurs que le Hatt avait été rédigé sous l'inspiration. si ce n'est sous la dictée de Lord Redcliffe (Sir Stratford Caning), dont la profonde science théorique et pratique de tout ce qui regarde l'Orient, paraissait une garantie suffisante de l'efficacité de l'acte en question. On perdait de vue que l'incontestable supériorité d'esprit et la science profonde de ce diplomate étaient obscurcies par la grande passion de sa vie politique, par sa haine contre la Russie.

V

A cette même époque, un ministre anglais, lord Palmerston, proclamait en plein Parlement une nouvelle et étrange doctrine : il assurait que pas un pays n'avait fait d'aussi grands progrès que la Turquie dans l'espace des trente dernières années. Ces illusions, sincères ou affectées, n'ont pas été de longue durée. Bientôt après la guerre d'Orient, les plus zélés partisans de la Turquie furent réduits à convenir que la voie du progrès est à jamais fermée à la race ottomane. A leurs yeux, la conservation de l'Empire ottoman est un mal nécessaire, comme barrière à opposer aux progrès de l'ambition russe, ou bien au développement de la nationalité slave. On revient aujourd'hui à la doctrine bien autrement rationnelle du philosophe anglais, le célèbre publiciste Burke : *les Turcs sont campés en Europe.* Après quatre siècles de domination sur le sol européen, dans ces mêmes lieux qui ont été, durant une longue série de vicissitudes politiques, le berceau et le foyer de la civilisation, la race du dernier conquérant n'est pas encore parvenue à s'y constituer en état organique, en corps politique vivant de sa propre vie. Elle conserve son caractère originel de campement militaire qui exploite, sans merci, les provinces conquises, toujours portées à la révolte, et dont elle doit toujours refaire la conquête.

Il y a cependant de belles pages dans les vieilles annales de cette race, si complétement dégénérée de nos jours ; il y a de singulières analogies avec l'histoire de l'ancienne Rome. Une petite tribu de bergers turcomans, sortie du plateau central de l'Asie, à l'époque des croisades, parvient à renverser l'empire récemment fondé par les Seljoukides, dans l'Asie-Mineure. Dès son berceau, sous Ertogroul et Orkhan, elle rêve la conquête du monde. Quatre siècles d'une épopée de luttes héroïques, d'austères vertus primitives et de foi ardente, conduisent les descendants de ces petits princes, de conquête en conquête, dans l'Orient de l'Europe. Comme les Romains, ils portent le nom du fondateur de leur petit Etat, qui s'étend progressivement dans les trois continents, de Kameniez et des bords du Volga à l'Océan indien, au Zanzibar et au Maroc, et fait trembler le Saint-Empire romain, le Pape et l'Italie et tous les États de la Méditerranée. Ils devancent l'Europe dans l'organisation d'une armée régulière et dans toutes les branches de l'art militaire. La nation, grossie par le prosélytisme, est tout armée ; tout musulman est soldat de par sa croyance. L'enlèvement des Sabines se reproduit, mais sur une vaste échelle et, à plusieurs reprises, dans le courant de deux à trois siècles. A leur arrivée en Europe, les conquérants n'ont ni femmes, ni argent pour en acheter ; ils se les procurent par réquisition chez les peuples conquis, ainsi que dans leurs excursions en Hongrie, en Pologne, en Russie ; la Grèce leur a procuré son meilleur contingent, à chacune de ses révolutions. Si leurs destinées ultérieures offrent un parfait contraste avec celles des conquérants de l'ancien monde, c'est que la société romaine avait pour base la famille, le respect des institutions des peuples vaincus, de leurs croyances religieuses, de leurs franchises municipales. Le conquérant asiatique condamna la femme à l'esclavage, et l'esclavage sert aujourd'hui encore de pépinière aux plus hauts emplois de l'empire. Le principal vice organique de ce colosse, celui qui l'a voué à la décrépitude, dès l'époque de son vertigineux développement, ce fut sa religion même, qui lui imposait l'intolérance, la conversion de l'infidèle à l'islam par le sabre, par la privation de tout droit civil et politique, et l'usage abominable qu'il a su faire de cette loi du Coran, loi constitutive de l'Etat musulman.

Mahmoud II a rêvé la renaissance politique de l'Empire par la foi religieuse, qui, dans ces mêmes lieux, avait donné dix siècles de vie nouvelle à la Rome chrétienne, la nouvelle Rome. L'avortement de ces grandioses projets de réforme a livré de nos jours l'Empire, ses populations et la dynastie d'Osman elle-même, à la discrétion d'une tourbe de parvenus, avides de jouissances matérielles, peu soucieux de l'avenir et des destinées politiques de l'État et de ce patrimoine d'une race et d'une croyance religieuse. Un libéralisme mensonger, une tolérance parfaitement hypocrite leur sont imposés par l'affranchissement de l'Empire et par les exigences de l'Europe. Ce rôle, ils le jouent avec un incontestable succès, en trompant d'une part l'Europe, qui a cru assez longtemps aux progrès de la réforme et leur a fourni son appui moral et beaucoup d'argent, et de l'autre, en démoralisant, de plus en plus, les nations soumises, par un système d'administration fait pour entretenir les haines et les rivalités entre les races et les croyances. A l'heure d'une crise suprême, l'Etat a recours à son antique principe vital, au fanatisme religieux, qui reparait au grand jour et fournit des défenseurs farouches à la société en péril.

CHAPITRE VI

Déceptions du traité de 1856 à l'égard de la Russie. — Attitude nouvelle de cette puissance en Orient. — Neutralité de la mer Noire et ses effets dans la guerre actuelle. — Blocus fictif. — Le recueillement de la Russie et ses effets. — Succès de ses réformes. — Le sentiment national et ses manifestations. — Attitude de l'Angleterre et déclaration de la guerre.

I

Le traité du 30 mars devait fortifier la Turquie, améliorer le sort de ses populations chrétiennes, affaiblir la Russie et rendre impossible une nouvelle guerre entre les deux Empires voisins. S'il a abouti à des résultats diamétralement opposés aux vues de la coalition de 1854, ce n'est point sur la Sublime-Porte qu'on doit rejeter la responsabilité de cette fatale déception.

Le Hatti-Houmayoun, dont les grandes puissances constataient bénévolement la *haute valeur*, en 1856, n'était qu'une consécration du mensonge introduit dans la législation turque par le Hatti-Shérif de 1839. Il ne pouvait qu'envenimer les haines réciproques des races et des croyances, que le Gouvernement Ottoman exploitait, dès lors, au profit de l'intérêt particulier de la race turque et de l'État théocratique de l'islam, dont la force est puisée dans le fanatisme. Les ressources militaires que cet élément fournit à la Sublime-Porte, dans la guerre actuelle, justifient pleinement la politique suivie par la Sublime-Porte, depuis la mort du Sultan Mahmoud.

II

Les conditions imposées à la Russie, par le traité de Paris, pouvaient paraitre plus en rapport avec le but réel de ses vainqueurs en Crimée.

La suppression des anciens traités, qui donnaient à la Russie un certain droit de protection, en faveur de l'Église chrétienne, dans l'Empire ottoman, devait détruire son prestige parmi ses coreligionnaires, sujets du Sultan. La rectification de sa frontière et la suppression de sa flotte, dans la mer Noire, devaient l'affaiblir matériellement. Sous ce rapport, les prévisions du traité de Paris n'ont pas été plus justifiées que pour ce qui regarde l'Empire ottoman.

Les pertes éprouvées par la Russie, dans la guerre d'Orient, sont incalculables. On ne peut pas évaluer à moins de quatre cent mille soldats, le nombre des victimes de la guerre, des maladies surtout, sur le Danube, en Asie et en Crimée. La destruction de la flotte et des établissements maritimes de la mer Noire, l'épuisement du fonds métallique, l'émission de grands emprunts, la baisse du change et du crédit, la fermeture de tous les ports, la charge imposée au pays par le transport des troupes et de tout le matériel de guerre, par chariots à bœufs, à travers des steppes de plusieurs milliers de kilomètres ; — ce fut là une épreuve plus pénible peut-être que celle qui a été imposée à la France, par la guerre de 1870-71, proportion gardée, sans doute, des ressources financières respectives de ces deux États. A la signature du traité de paix, la Russie a dû céder une partie de son territoire, les bouches du Danube, et, qui plus est, elle a dû accepter la limitation de ses droits de souveraineté. Le plus essentiel de ces droits est, sans contredit, celui de la défense du territoire par les armes contre un voisin armé. Par courtoisie diplomatique, la limitation des droits de souveraineté fut exprimée par la formule de la « neutralité de la mer Noire. » La neutralité n'est que du luxe, en temps de paix ; elle n'a sa raison d'être que dans les conflits. La mer Noire n'est pas tout à fait un lac, entre les deux États riverains. Celui qui en possède l'entrée a la facilité d'y introduire, en temps de guerre, sa flotte et de détruire le commerce et les établissements maritimes de son voisin désarmé. Cette clause insolite témoigne du soin appliqué par les alliés de la Turquie à affaiblir son ennemi traditionnel. Elle ne pouvait pas être de longue durée, comme tout ce qui est illogique et injuste, dans la solution des grands procès internationaux. On voit cependant la Turquie en tirer un inappréciable avantage, dans la guerre actuelle, contre la Russie, cinq années

après la suppression de cette clause du traité de Paris. Elle transporte ses troupes d'Asie en Europe *et vice versâ;* elle ravitaille, en toute sécurité, ses forteresses et ses camps; elle envahit le Caucase, pour y soulever les Circassiens; elle bombarde les villes et les villages du littoral non fortifié. Elle profite, à bon droit, de ces avantages qui lui ont été légués par le congrès de Paris; mais elle abuse des avantages que sa situation géographique lui procure, et cet abus devient une violation flagrante du principe nouveau, introduit dans le droit public européen, par ce même congrès de Paris, en vertu de ce principe. « Les blocus, pour être
« obligatoires, doivent être effectifs, c'est-à-dire
« maintenus par une force suffisante pour in-
« terdire réellement l'accès du littoral ennemi.»
On sait que pas un port russe n'a été surveillé, jusqu'à présent, par les vaisseaux turcs; le cabotage le long du littoral n'est pas entravé et le blocus d'une côte de deux mille cinq cents kilomètres est maintenu par une déclaration du maître du Bosphore. Il est, par conséquent,

tout aussi fictif que celui qui a donné lieu à tous les abus du blocus continental, dans les guerres du premier Empire (1).

On conçoit que la suppression d'une flotte et d'un grand arsenal maritime convenait à l'Angleterre. Sous prétexte de mettre Constantinople à l'abri d'un coup de main de Sébastopol, elle se débarrassait, nous ne dirons pas d'une marine rivale, mais bien certainement d'une marine, qui aurait pu, un jour, offrir son contigent au rétablissement de l'équilibre naval dans la Méditerranée. Mais la France, l'Autriche et la Sardaigne, en insistant, de leur côté, sur la suppression de la flotte russe de la mer Noire, sacrifiaient, au profit de la Turquie, un des grands intérêts politiques de l'Europe continentale et contribuaient bénévolement à faire de la Méditerranée un lac anglais.

---

(1) La Sublime-Porte a débuté même par une fraude dans la déclaration de ce blocus fictif. Des cargaisons de blé, expédiées de la mer d'Azoff, ont été saisies par la flotte turque en pleine mer. On a su plus tard que ces cargaisons venaient d'être commandées pour le compte du Gouvernement turc lui-même à un négociant grec, M. Valliano.

III

Après une guerre désastreuse, la Russie acceptait un traité foncièrement vicieux, qui stipulait, d'une part, des contradictions, telles que la garantie d'un Etat par six autres Etats et les droits souverains de ce même Etat, et, de l'autre, imposait à un autre Etat, dont les droits souverains n'ont jamais été mis en question, des conditions incompatibles avec ses droits de souveraineté. La Russie n'acceptait donc qu'une combinaison provisoire, résultat du concours fortuit de forces matérielles. Elle s'y résignait, comme Pierre le Grand s'était résigné au traité du Pruth. La guerre de la Crimée venait de révéler les vices de l'organisation militaire et le besoin de doter le pays d'un vaste réseau de chemins de fer. Il fallait aussi hâter la réforme sociale, dont l'opportunité s'était fait sentir bien avant cette époque. La politique extérieure du jeune empereur a été parfaitement caractérisée, dès le lendemain de la paix de Paris, par le mot de « recueillement », ce terme nouveau dans le langage diplomatique, programme franchement déclaré et fidèlement suivi. Cependant, tout en concentrant son activité dans le travail de la réforme, la Russie élevait, de temps à autre, la voix, pour signaler à l'Europe la violation, par le Gouvernement ottoman, de ce même traité de Paris, qui venait d'être conclu au détriment de la Russie et tout au profit de son incorrigible voisin. Fidèle aux engagements de 1856, elle acceptait, sans répugnance, le rôle d'avocat de ses coreligionnaires d'Orient, auprès des cabinets que le traité de Paris avait constitués responsables de leurs misères. Le prestige de la Russie n'a subi aucune atteinte de ce rôle modeste. Dix années s'étaient à peine écoulées, et déjà l'attitude de l'ambassadeur russe, Ignatieff, donnait de l'ombrage à ses collègues de France et d'Angleterre, dans ces luttes perpétuelles d'influences, où s'exerce le génie des représentants des grandes puissances à Constantinople. Cette lutte date de loin, il est vrai ; mais dans la situation nouvelle, créée par le traité de 1856, elle devenait une violation légitime et inévitable de l'indépendance, que ce même traité venait de garantir à l'action souveraine du Sultan, à l'égard de ses sujets. Ce n'est certes pas aux sympathies turques qu'il faut attribuer ce triomphe de la diplomatie moscovite. La Russie prenait sa revanche, dans la confiance que son attitude inspirait aux populations chrétiennes dans toute l'étendue de l'Empire ottoman. Son influence, sur ces populations, réagissait nécessairement sur les dispositions de la Sublime-Porte, d'autant plus docile à l'égard de la Russie, qu'elle se trouvait fort embarrassée, en même temps, entre les conseils divergents et les influences rivales de ses alliés de 1854. Le droit, avons-nous dit, n'est qu'un des attributs de la force, dans le catéchisme politique des nations de l'Asie. L'Autriche perdait, en 1859 et 1866, ses anciens droits d'ami bienveillant et de sage conseiller, ces droits que son attitude militaire et diplomatique durant la guerre d'Orient et dans les conférences de Vienne, au congrès de Paris et dans la commission de Bukarest, venait de consacrer avec un nouvel éclat. A son tour le grand champion de l'Empire ottoman, le promoteur de la croisade européenne pour le salut de l'islam, tombait à Sedan (1). L'Angleterre, elle aussi, se ressentait à Constantinople des événements de cette époque. Le « *cives romanus sum* » de lord Palmerston n'était plus

---

(1) Le sultan Abdul-Aziz fut saisi d'un tel accès de colère en recevant la nouvelle de cette catastrophe, qu'il fit rouler, au bas de l'escalier, le malencontreux rapporteur, ministre des affaires étrangères, en lui reprochant de l'avoir induit en erreur, quant au génie et à la puissance de Napoléon III, d'avoir compromis la Turquie vis-à-vis de la Russie par un excès de confiance envers un fantôme, compromis la personne même du Sultan par la réception faite à l'impératrice Eugénie à Constantinople et par la visite de l'Exposition en 1867.

de saison. L'Angleterre *se recueillait,* à son tour. Le procès de l'*Alabama,* l'affaire des duchés de l'Elbe, l'attitude stoïque de l'Angleterre en 1866 et 1870, à l'égard de ses fidèles alliés, donnaient à penser aux Turcs, sur le degré de confiance qu'on pourrait avoir en elle, dans les éventualités de l'avenir.

La peur inspirée par la Russie depuis 1870, et les sympathies des sujets chrétiens du Sultan pour leur coreligionnaire du Nord, fortifiaient de plus en plus l'influence russe dans toute l'étendue de l'Empire Ottoman et dans les conseils même de la Sublime-Porte. La déception fut donc également complète, sous ce rapport, quant à l'effet qu'on attendait de la situation faite à la Russie par le traité de Paris. Son prestige offusquait, à juste titre, les susceptibilités britanniques, et bien plus encore, la prépotence du général Ignatieff blessait l'amour-propre de son collègue, Sir Henry Elliot. Ce n'était cependant que vain prestige; satisfaction personnelle plutôt pour le représentant de la Russie, sans avantage aucun pour les intérêts réels de cette puissance, sans préjudice pour ceux de la Grande-Bretagne. La Russie persévérait dans son principe d'abstention à l'égard des affaires intérieures de l'Empire Ottoman, sauf les questions où les droits de l'humanité étaient violés, en Candie par exemple, à Damas, etc. Elle se souciait médiocrement de l'ingérence progressive de l'Angleterre, dans les questions d'administration intérieure de l'Empire Ottoman, telle que l'institution d'une banque anglaise, nommée ottomane, investie du contrôle financier de la Turquie, etc., etc.

IV

L'activité du Gouvernement Russe était absorbée par d'autres soucis bien autrement graves. Les vingt-deux années qui se sont écoulées depuis l'avénement de l'empereur Alexandre II, ont vu s'accomplir, dans l'Empire Russe, des faits qui auraient suffi pour la gloire de plusieurs règnes.

Ce n'est pas la guerre de Crimée et ses épreuves qui ont inspiré, à l'empereur Alexandre, l'idée de cette réforme, dont la portée et le succès ont étonné le monde. La pensée de l'affranchissement du serf remonte au règne d'Alexandre Ier. Lui-même et son frère, l'empereur Nicolas, en ont préparé la réalisation par des mesures législatives progressivement libérales. L'efficacité de ces mesures ne pouvait être assurée que par l'appareil despotique, force fatalement imposée aux nécessités de toute grande réforme sociale, fût-elle l'œuvre d'un souverain ou bien d'un gouvernement républicain. On sait aujourd'hui que ce fut précisément à l'ombre de la législation libérale de Catherine II, à l'époque même où l'Impératrice se plaisait dans les théories de Beccaria et dans les rêves des encyclopédistes, que la plaie hideuse du servage s'étendait le plus, et pénétrait le plus profondément dans l'organisme de l'empire. Des réformes aussi grandes ne s'accomplissent pas du jour au lendemain, à moins qu'une société ne se résigne à des déchirements, à une de ces luttes suprêmes, comme celles que les États-Unis d'Amérique ont dû traverser, pour faire triompher les droits de l'humanité. Depuis 1830 la situation politique était peu favorable à la réalisation de la réforme, dont le pacifique succès pouvait être compromis, dès ses débuts, par des troubles dans l'intérieur ou par une agression du dehors. La question polonaise, périodiquement réchauffée, tous les ans, en France, durant le règne de Louis-Philippe, et les égarements de l'esprit libéral dans l'Occident de l'Europe, à l'égard de la Russie, ont surtout motivé ces retards. En 1847, l'empereur Nicolas procédait déjà à la réalisation de ses projets. Le travail législatif préparatoire était confié à une commission spéciale. Le secret était de rigueur, afin de prévenir le trouble des esprits, peu préparés à une réforme sociale, qui modifiait si profondément toutes les conditions civiles et économiques du pays. Les événements de 1848, et bientôt après, les complications orientales obligèrent l'empereur d'ajourner ces projets.

V

Ce n'est donc pas à la guerre d'Orient que la Russie est redevable de l'ère libérale que le règne actuel a inaugurée, comme on le croit généralement. Mais il est hors de doute que l'éveil du sentiment national dans la lutte héroïque de Sébastopol et le froissement de ce même sentiment par les clauses du traité de Paris, ont assuré le succès de l'œuvre et le pacifique développement de toutes les libertés, comme de toutes les ressources militaires et financières de la Russie.

Il y a quelque chose de prodigieux dans la

transformation opérée, dans un si vaste pays, par quelques oukases émanés de la volonté souveraine, à la suite de simples études préliminaires et de projets élaborés au sein de commissions spéciales instituées à cet effet. Le serf de la veille devient propriétaire du sol et siége dans les comices à côté de son ci-devant seigneur et maître ; la municipalité se constitue sur des bases plus larges que dans la France républicaine ; elle vote librement les impôts, en fait la répartition et en fixe l'emploi pour les besoins locaux. Le monopole des spiritueux, que l'autocrate Nicolas avait en horreur, mais qu'il devait tolérer, comme principale ressource du budget, est aboli, et cependant ce chapitre de revenus augmente progressivement ; la production agricole et manufacturière, malgré la crise provoquée par la cessation du travail obligatoire du serf, se développe au point de doubler le bilan du commerce d'exportation (1).

---

(1) Le blocus de 1854-56 a fait monter le prix des sucres en Russie de 25 à 30 %. La production indigène a pris un tel développement depuis cette époque, qu'indépendamment des mar-

La répression du brigandage khivien ouvre au commerce de nouveaux débouchés dans l'Asie centrale. Malgré les charges léguées au budget, par la guerre de la Crimée et les milliards d'indemnité assignée aux anciens propriétaires des terres qui ont servi de dotation aux paysans libérés, le fonds métallique de la banque est reconstitué dans des proportions plus grandes que celles d'autrefois. Vingt mille kilomètres de voies ferrées sont ajoutés aux six cents kilomètres du temps de la guerre de Crimée ; des milliers de bateaux à vapeur impriment une activité nouvelle au commerce intérieur et extérieur ; des caisses d'épargne sont établies dans la plupart des communes urbaines et rurales ; le crédit foncier, autrefois réservé au gouvernement, à titre de charge

---

chés de la Perse et de l'Asie centrale, qui reçoivent cette denrée presque exclusivement de la Russie, ce pays expédie aujourd'hui ses sucres en Allemagne, en France et même en Angleterre. Un fait curieux et qui a passé presque inaperçu, c'est qu'au commencement de 1877, à la veille du blocus de la mer Noire, des maisons de commerce d'Odessa ont fait des cargaisons de foin pour l'Angleterre.

plutôt que de bénéfice, est émancipé et institue plusieurs banques hypothécaires. Le Caucase est définitivement soumis, après une guerre opiniâtre qui datait du siècle passé; les Khanats de l'Asie centrale sont ou conquis, ou rendus inoffensifs ; le commerce d'esclaves y est supprimé, et ces anarchiques contrées deviennent accessibles au commerce et à la civilisation. Les rêves révolutionnaires de la noblesse polonaise sont dissipés, après avoir provoqué la menace d'une coalition générale, y compris le Pape et le Sultan, la Suède et le Portugal. Les communes rurales de la Pologne sont libérées et le paysan, constitué prolétaire par la législation de Napoléon Ier, devient propriétaire du sol à l'instar du paysan russe. Un vaste système d'enseignement, à tous les degrés, est organisé dans toute l'étendue de l'Empire, dans l'armée surtout. La censure préventive est abolie. La liberté de conscience est assurée, dans les limites de la morale publique, aux sectes religieuses, exposées naguère à la persécution ; le mariage civil est institué en faveur des sectaires qui rejettent l'institution de la prêtrise. La procédure civile et criminelle est reformée : publicité absolue de tous les procès ; inamovibilité des juges ; institution du jury ; indépendance complète des tribunaux, depuis celui de la commune rurale jusqu'à la haute cour de cassation ; abolition des peines corporelles ; responsabilité directe des autorités administratives à tous les degrés ; abolition des priviléges surannés de la noblesse ; égalité dans la répartition de l'impôt et dans la conscription militaire.

Et ces grandes et salutaires réformes sont accomplies en moins de vingt ans. La nation entière vient en aide au courageux souverain qu'elle appelle son père, et le souffle de la liberté rajeunit un empire de quatre-vingts millions d'hommes, sans troubler l'atmosphère, sans produire ces orages qui ont si souvent parsemé de ruines la voie du progrès social.

VI

Les liens religieux qui unissent la nation russe aux chrétiens de l'Empire ottoman ont été fortifiés par les guerres que la Russie, depuis bientôt deux siècles, fait périodiquement aux Turcs. En 1821, lors du massacre des Grecs, l'empereur Alexandre Ier était sur le point de déclarer la guerre, pour venger l'outrage fait à l'Église par le martyre ignominieux des patriarches et des évêques. A cette époque-là, l'influence du prince Metternich et les liens de la Sainte-Alliance ont prévalu, dans l'esprit de l'empereur, sur les vœux tacites de son peuple et sur les scrupules de sa conscience. Les Grecs égorgés par les Turcs étaient accusés de carbonarisme au congrès de Leybach. Le temps a marché depuis. Les manifestations unanimes du sentiment national pèsent aujourd'hui bien autrement dans les conseils des cabinets.

Dès 1875 les atrocités de l'armée turque dans la Bosnie et l'Herzégovine, et en 1876 les massacres de la Bulgarie, ont eu le plus douloureux retentissement jusqu'aux extrémités de l'empire des Tzars. La presse a profité, elle a abusé même de sa liberté de fraîche date, pour agiter le pays depuis les plus hautes régions sociales jusqu'à l'ouvrier des champs. On savait que les princes de la Serbie et du Monténégro, longtemps retenus par les conseils des cabinets de Vienne et de Saint-Pétersbourg n'étaient plus en état de dompter l'élan de leur nation ; que ces petits États slaves osaient déclarer la guerre à l'empire ottoman, pour venir en aide à leurs coreligionnaires. L'armée russe frissonnait d'impatience. Des militaires en congé, soldats et officiers de tout grade, accouraient en masse sur le théâtre de cette lutte inégale d'une milice dénuée de toute ressource militaire, contre l'armée nombreuse, aguerrie et fanatisée de l'Empire ottoman. Des quêtes et des souscriptions s'organisaient en tout lieu. La défense faite, au nom de la loi, par le ministre de l'intérieur, d'assigner au profit des chrétiens du Balcan, des dons volontaires sur les fonds communaux, soulevait des murmures dans la province. En Suisse, en Italie, en Autriche et en Allemagne, en Angleterre même on faisait des quêtes pour les victimes du fanatisme musulman. Le gouvernement russe ne pouvait donc pas proscrire les sacrifices, que le pays s'imposait spontanément au profit de ses coreligionnaires. En Russie, le sentiment national est une puissance bien autrement formidable que ne peut l'être l'opinion publique, sous le régime parlementaire. Dans les débats publics d'un parlement la politique du cabinet a ses orateurs, dont la parole éclaire l'opinion et peut en arrêter les entraînements, sans entraver la liberté d'action du gouvernement, surtout dans des questions compliquées, par des considérations d'intérêts internationaux. La société russe puise ses impressions dans le langage passionné d'une presse irresponsable et souvent peu éclairée. On savait que des négociations étaient engagées entre les grandes puissances et le Gouvernement ottoman, pour mettre fin aux souffrances des chrétiens, sujets du Sultan, et l'on attendait avec anxiété le résultat de ces négociations. La Sublime-Porte s'obstinait dans ses refus. Réduite à sa plus simple expression, l'argumentation des plénipotentiaires ottomans se résumait aux termes suivants : Vous m'avez admis membre privilégié dans votre système politique, en garantissant mon intégrité, mon indépendance, la plénitude de mes droits souverains ; vous vous êtes engagés à ne point intervenir dans mes affaires de famille. Je travaille comme je l'entends au bonheur de mes peuples. Je promets de faire leur bonheur par une nouvelle Constitution, qui vaut mieux que tout ce que vous me conseillez. Contentez-vous de mes promesses, comme vous l'avez toujours fait, et quant à la réalisation de ces promesses, elle est du ressort de mes droits de souveraineté. — Aux yeux du public russe, ce n'était, ni plus ni moins, qu'un défi catégorique sous forme de dilemme : laissez-moi tranquille, ou bien faites-moi la guerre, si vous l'osez.

Ce défi devait être relevé par l'empereur de Russie, malgré son désir bien connu de conserver la paix. La situation de l'Europe garantissait l'abstention de la France et de l'Allemagne, aussi bien que celle de l'Autriche et de l'Italie. Quant à l'Angleterre, elle s'était résignée à violer ostensiblement les droits souverains de la Sublime-Porte, en prenant part à l'intervention collective ; elle n'était donc pas en droit de s'opposer à l'action de la Russie, mise en demeure de réaliser, par la force des armes, les projets dont le cabinet britannique avait reconnu l'urgence.

VII

Depuis le refus opposé par l'Angleterre à la note de Berlin, jusqu'à la dernière heure, le cabinet de Saint-Pétersbourg avait marché de concession en concession. Les paroles conciliantes adressées par l'empereur Alexandre à l'ambassadeur britannique, à Livadia, étaient livrées à la publicité. C'était un gage sérieux vis-à-vis de son pays et de l'Europe de ses dispositions pacifiques, de sa modération, de son désintéressement, et, avant tout, de son désir de conserver une parfaite entente avec les autres cabinets, avec l'Angleterre surtout, pour obtenir de la Turquie des conditions conformes aux droits de l'humanité et de nature à calmer l'effervescence de l'esprit public en Russie. Pour l'empereur Alexandre ce n'était plus une question d'intérêt chrétien et de politique internationale ; c'était tout autant une affaire de politique intérieure, que son Gouvernement n'avait ni soulevée, ni aigrie, et qui imposait cependant les plus sérieux devoirs à ce Gouvernement.

La persistance de la Sublime-Porte à nier des faits patents et publics, qui avaient soulevé un cri d'indignation d'un bout à l'autre de l'Europe, en Angleterre surtout, tels que les massacres de la Bulgarie, le viol, la torture et la vente en esclavage des femmes et des enfants, le refus qu'elle opposait finalement au plus modéré programme de la conférence de Constantinople, après même la mobilisation d'une partie de l'armée russe, après cette mesure qui n'était, en réalité, qu'un avertissement à l'appui des efforts combinés de la diplomatie européenne, cette persistance de la Sublime-

Porte à terroriser ses sujets chrétiens et à fanatiser ses sujets musulmans, réagissait fatalement sur le sentiment public de la nation russe, peu soucieuse des entraves que le traité de Paris avait imposées à son Gouvernement, à l'égard de l'Empire ottoman.

La Sublime-Porte pouvait ignorer ce côté de la question. En fait de politique étrangère, elle s'applique plus particulièrement aux relations internationales de cabinet à cabinet, pour y puiser la crainte ou la sécurité dans ses propres rapports avec chacune des grandes puissances; pour savoir quand elle peut braver l'une, ou s'humilier devant l'autre. L'entente ostensible entre les signataires du traité de Paris et leur intervention collective ne l'effrayaient pas beaucoup. Elle ne pouvait pas croire que l'empereur Alexandre, après avoir donné des preuves certaines de ses dispositions conciliantes, aurait été réduit à la nécessité de déclarer la guerre. La Turquie pouvait bien se bercer de ses illusions. Mais l'Angleterre est bien servie par sa diplomatie; elle était au courant de la situation. Les journaux de Moscou et de Saint-Pétersbourg sont lus et commentés à Londres. On savait que les répugnances personnelles de l'autocrate devaient céder à des intérêts d'un ordre supérieur. Sciemment donc et par calcul politique, elle poussait à la guerre. On se rappelle le discours provoquant que le chef du Cabinet britannique prononçait à Guildhall, en réponse aux assurances pacifiques données par l'empereur Alexandre, à Livadia, à l'ambassadeur anglais Lord Loftus. Espérait-elle que cette guerre profiterait à la Turquie, dont la conservation est depuis longtemps érigée en dogme politique, par la grande majorité des hommes d'Etat de tous les partis, par les conservateurs, dont le néophyte du torysme, M. Disraëli, est le prophète ? Après s'être associée à la Russie pour prescrire des palliatifs, qui devaient bien certainement prolonger la vie de l'intéressant malade, elle encourage ce malade à risquer son existence dans une lutte inégale, sans lui fournir d'autre appui que des sympathies et des conseils. Et cela à une époque, où les ressources financières de l'Empire ottoman étaient épuisées, où les Softas faisaient la loi à Constantinople, où les populations chrétiennes des deux côtés des Balcans respiraient la vengeance, où la Roumanie n'attendait qu'une occasion propice pour dénoncer son vasselage, tandis que la Bosnie et l'Herzégovine étaient encore en feu, que le Monténégro continuait sa lutte héroïque et que les pays de nationalité grecque s'agitaient par les convoitises helléniques. Quant au dehors, — les sympathies des nombreuses populations slaves, des provinces limitrophes autrichiennes ou hongroises pour leurs coreligionnaires et congénères du pays turc, garantissaient l'accord établi entre les trois empereurs, et privaient la Turquie de tout espoir d'assistance du côté de l'Autriche-Hongrie. C'est dans de telles conditions que l'Angleterre poussait la Turquie à la guerre.

CHAPITRE VII

Les intérêts anglais en Orient. — L'empire indien et ses dangers imaginaires. — Situation réciproque de la Russie et de l'Angleterre en Asie. — Fantôme panslaviste et chauvinisme. — Aveux de Lord Beaconsfield. — Dangers réels pour les Indes, provoqués par la politique actuelle. — Espoir déçu d'une troisième coalition contre la Russie et effets des deux premières. — Le sentiment et l'intérêt dans la politique. — La Sublime-Porte devant le futur congrès.

I

Toute la conduite du cabinet britannique dans le dédale de la question d'Orient nous inspire la conviction que, depuis la guerre d'Orient, si ce n'est même depuis 1840, pas un homme politique sérieux de l'Angleterre ne croit plus à la régénération de la Turquie. Aux confidences de l'empereur Nicolas, dont la révélation au Parlement produisit un grand scandale, en 1854, et justifia, aux yeux des profanes, la guerre contre la Russie, le ministère aurait pu répondre en toute franchise, en 1844 aussi bien qu'en 1853, qu'on prêchait à des convertis ; mais que ces convertis avaient des raisons politiques majeures pour dissimuler leur foi, et que, dans aucun cas, l'Angleterre ne consentirait à s'entendre avec la Russie, pour le règlement définitif de la question d'Orient. Pour l'Angleterre, la question d'Orient, dès cette époque-là, n'était point à Constantinople, mais aux Indes orientales. La conservation de l'Empire ottoman n'est qu'une annexe, un corollaire du grand problème. Cet empire chancelant est avant tout un avant-poste destiné, non à défendre la place, qui d'ailleurs n'est point assiégée, mais uniquement à épuiser les forces de celui qui, un jour, pourrait assiéger la place. En effet, le voisinage de la Turquie, les embarras de toute espèce qu'elle cause à l'empire des Tzars, peuvent être envisagés comme un bon préservatif au profit de la domination britannique dans l'Inde.

II

Depuis la perte de ses colonies de l'Amérique du Nord, le développement colonial de l'Angleterre s'est transporté aux Indes orientales. Depuis cette époque-là, sa politique internationale est principalement et constamment régie par l'intérêt de cet établissement. Les guerres contre la Révolution française et l'Empire, et les subsides fournis par l'Angleterre à toutes les coalitions, lui ont coûté cent-cinquante milliards de francs en vingt-cinq ans. Mais à l'issue de cette lutte gigantesque, les flottes de la France, de l'Espagne, de la Hollande et du Danemark n'existaient plus, et l'empire maritime universel était assuré au pavillon anglais. Sans rival dans le vaste océan, arbitre du sort d'un petit nombre de colonies conservées par ses anciennes rivales, elle s'appliqua à assurer ses communications maritimes avec le foyer de ses forces vitales. La colonie se développait dans des proportions gigantesques et embrassait, au bout d'un demi-siècle, une population de deux cents millions de sujets. La métropole était indemnisée, avec usure, de tous les frais de ses guerres européennes et la réalité dépassait les perspectives magiques que William Pitt avait retracées dans son discours à l'appui du célèbre « Bill of India » dans la séance du Parlement le 6 juillet 1784.

Mais cet empire indien, si complétement garanti contre toute entreprise maritime, était vulnérable par sa frontière continentale. Les faciles succès de la Russie, dans l'Asie centrale, rendent l'Angleterre plus soucieuse que jamais des dangers qui pourront menacer, un jour ou l'autre, ses possessions indiennes du côté du Nord ou de l'Ouest. Ce n'est pas par des traités qu'on aime à pourvoir à sa sécurité dans de telles conjonctures. Il est bien plus rationnel de réduire son rival à l'impuissance de toute entreprise sérieuse, en l'occupant ailleurs. Sous ce rapport, les complications de la question d'Orient offrent des ressources inappréciables. En 1854, l'Angleterre a utilisé l'aventureuse politique de Napoléon III, au profit de son intérêt particulier et aux dépens des intérêts généraux de l'humanité, de ceux de l'Europe, et de la France surtout; elle a détruit un nouvel établissement maritime; elle a fait succéder une profonde mésintelligence aux liens qui de tout temps unissaient l'Autriche à la Russie, et qui jusque-là avaient résisté à bien des épreuves; elle a réussi à fatiguer la Russie, seule puissance qui pouvait lui donner de l'ombrage aux Indes. Ce beau succès, elle le doit exclusivement à la Sublime-Porte et à ses turpitudes.

La situation actuelle de l'Europe n'a pas été

favorable aux efforts tentés par le ministère britannique, pour organiser une nouvelle coalition européenne contre la Russie. D'ailleurs, le sentiment national du pays, l'opinion du parti conservateur lui-même, mieux éclairée par l'expérience de ces vingt dernières années à l'endroit de la Sublime-Porte, répugnait à une nouvelle alliance, qui aurait imposé à la noble armée britannique le rôle de satellite à côté des bachi-bozouks, des Circassiens, des Kurdes et des Zeïbecks. On s'indignait même du rôle d'avocats de la Sublime-Porte que la politique ministérielle avait imposé à quelques-uns de ses agents diplomatiques. Le ministère a dû se borner, par son *veto* d'abord contre le mémorandum de Berlin, et, plus tard, par son double jeu, dans les conférences de Constantinople, à rendre vains tous les efforts des grandes puissances en faveur d'une solution pacifique, et à placer la Russie dans la nécessité d'avoir recours aux armes.

III

Ces problèmes locaux, dont l'ensemble forme, dans le domaine de la politique internationale, la question d'Orient, les droits souverains du Sultan, l'intégrité de son empire, l'indépendance de son gouvernement, l'amélioration du sort de ses sujets chrétiens — toutes ces questions tant débattues depuis un quart de siècle, — auraient pu aboutir à une solution, sinon définitive, du moins pacifique et conforme aux principes de l'humanité, aux intérêts généraux de l'Europe, et surtout à la conservation de l'Empire ottoman, pour une certaine période de temps. Quels que soient les vices de l'administration ottomane et la persévérance de la Sublime-Porte dans le système machiavélique inauguré par la Réforme de 1839, il est certain que l'action franchement unanime de l'Europe aurait mis la Turquie dans l'impossibilité de troubler la paix du monde. L'autonomie administrative des provinces chrétiennes, le désarmement des musulmans, la suppression des droits féodaux à l'égard de la propriété du sol, auraient certainement remédié aux maux intolérables de la situation actuelle. Le tribut payé en bloc, par chacune des provinces émancipées et autonomes, aurait fourni bien plus et de plus réelles ressources au trésor public, que les extorsions et le fermage d'un monstrueux système financier qui a ruiné le pays, au profit de quelques individus, pour aboutir à la banqueroute de 1875. L'air du Bosphore est bon pour les États malades. L'empire de Byzance, en butte à la plus formidable des invasions, aux convoitises mercantiles de Gênes et de Venise, aux intrigues de Rome et à l'apathie de l'Europe chrétienne, a bien traîné deux longs siècles sa vie dans ces mêmes lieux, sous la dynastie des Paléologues, et a légué même quelques bonnes pages aux annales du monde. De nos jours, les grandes puissances, sans en excepter aucune, n'auraient pas mieux demandé que de voir se prolonger l'agonie, déjà trop longue, du nouveau membre de la famille européenne, jusqu'à ce que ses héritiers légitimes arrivassent à la majorité, pourvu que la majorité, de son côté, respectât les lois et les usages de la famille par ses caprices, ses folies et ses crimes.

Cette même combinaison deviendrait la plus sûre des barrières contre les envahissements éventuels de la Russie. Nous n'avons aucune raison de douter du parfait désintéressement de l'empereur Alexandre II, dans la guerre actuelle. Nous croyons aussi que toute conquête, toute extension territoriale de l'empire russe, la prise de possession même du Bosphore, de cette *clef de la maison*, compromettraient plutôt les grands intérêts politiques de la Russie. Elle se verrait bien certainement en butte à une coalition plus forte et plus durable que ne l'ont été celles de 1812 et 1854. Chose plus grave encore, le principe conservateur, qui préside au développement libéral du pays, serait gravement compromis par les déceptions d'une politique aventureuse. Il y a cependant en Russie un parti exalté qui rêve tantôt un Empire slave, ou plutôt une république fédérative panslaviste, tantôt la conquête de Constantinople. L'état politique et social des populations chrétiennes sous le joug ottoman alimente ces illusions. Mais qu'un ordre des choses nouveau se développe dans la péninsule du Balcan, sous les auspices de l'Europe, que des Etats autonomes y soient organisés, à l'abri de toute action directe ou indirecte de la Sublime-Porte, sauf le tribut à payer, chrétiens et musulmans y pourront vivre de leur propre vie et fraterniser même, au bout de fort peu d'années, comme cela se voit dans le royaume hellénique. Là, les citoyens de la religion mahométane sont meilleurs musulmans que leurs coreligionnaires de

Constantinople et des Balcans, mais nullement fanatiques. Dans de telles conditions, les rayas slaves et grecs émancipés pourront bien avoir des sympathies platoniques pour leurs coreligionnaires du Nord, mais bien certainement ils ne seront pas plus disposés à devenir sujets du Tzar, que ne le sont aujourd'hui les Roumains ou les Serbes. Le danger d'une invasion russe, dans le pays du Danube, sera écarté à jamais par cette même raison, qu'une guerre contre des peuples orthodoxes aurait froissé le sentiment national du peuple russe, tandis que, dans les conditions actuelles, une guerre contre les Turcs est et sera toujours populaire en Russie.

IV

Dans l'opinion de Lord Beaconsfield, l'émancipation du raya aurait contrarié certains intérêts inavouables et mystérieux. On trouve une allusion significative à ces intérêts, un aveu plutôt, dans ce passage du discours prononcé par le chef du cabinet, dans la première séance de la Chambre des lords, après la rupture des conférences de Constantinople, en réponse aux reproches adressés par lord Argyll au ministère, à propos de sa problématique attitude dans ces conférences.

« Le noble duc, dit-il, traite la question au point de vue exclusif de la situation des sujets chrétiens de la Porte. Devons-nous y voir le seul élément de cette grande question ? Un homme d'État de sa valeur, qui a eu à traiter des affaires publiques, ne peut pas soutenir une thèse si foncièrement faible. Il est certain que quelques éléments de la répartition de la puissance universelle se trouvent engagés dans cette grande question. L'existence DES EMPIRES y est engagée, et je crois que nous ne parviendrons jamais à la résoudre, si nous faisons abstraction des raisons politiques supérieures, si nous croyons que le seul élément, qui doit être pris en considération, serait l'amélioration du sort des sujets chrétiens de la Sublime-Porte. Nos esprits, dégagés de toute passion, doivent aborder avec calme et sagesse l'examen de ce grave sujet. Ce n'est qu'en l'envisageant du regard de l'homme d'État, que nous pouvons garantir les grands intérêts de l'Angleterre qu'on oublie si souvent dans la manière déclamatoire d'examiner les circonstances, avec lesquelles nous devons compter dans le domaine des choses pratiques. »

Ce langage figuré et passablement obscur a le mérite d'une certaine franchise. Nous ne contestons pas la théorie qui sacrifie les intérêts de l'humanité à ceux de l'Angleterre. Elle est vieille, cette théorie ; elle a passé à l'état d'axiome patriotique dans le catéchisme d'une grande partie du public anglais. Reste à savoir si le gouvernement anglais peut toujours entraîner, dans la voie de ses intérêts, opposés même à ceux de l'humanité, les États dont les intérêts s'accordent mieux avec ceux de l'humanité. Elle y a réussi maintes fois dans le cours de ce siècle.

Dans cet aveu que nous venons de citer, l'allusion à l'Inde est claire. Il y est question de l'existence *des empires*, au pluriel, de deux au moins. Si l'un de ces empires est la Turquie, l'autre ne peut être que celui des Indes, désigné sous son titre de fraîche date. Il ne peut certainement pas être question de l'existence de l'Autriche, de l'Allemagne ou de la

Russie, ni de la Chine et du Brésil, à propos de l'amélioration du sort des sujets chrétiens de la Porte. Le chef du cabinet britannique proclame cette étrange conviction, que l'existence même de l'empire indien se rattache au droit souverain de la Sublime-Porte de faire massacrer ses sujets chrétiens, par ses fidèles bachi-bozouks, Circassiens ou Zeïbecs. Cette confession de foi se fait en plein parlement immédiatement après les efforts que le cabinet britannique, d'accord avec ses alliés, venait de faire dans les conférences de Constantinople pour modifier, en partie, les droits souverains de la Porte, à l'égard de ses sujets chrétiens. Il est facile d'apprécier la sincérité des efforts du cabinet britannique en faveur des rayas.

En proposant la réunion de la conférence à Constantinople et en y prenant une part active, en parfait accord avec la Russie, évidemment il n'avait qu'un seul but — la guerre turco-russe. Il a atteint ce but bientôt après la rupture des conférences, en proposant à la Russie, dans les pourparlers de Londres, des conditions que l'empereur Alexandre ne pouvait accepter qu'aux dépens de sa dignité, de sa popularité et du prestige de son empire.

Nous aurions applaudi à la haute sagesse de cette combinaison, si elle eût été fondée sur la certitude du triomphe de la Turquie. En admettant même que la défaite de la Turquie, prévue certainement par le chef du cabinet britannique, devait, dans tous les cas, fatiguer et affaiblir la Russie pour une période plus ou moins longue, ce résultat aurait été favorable aux intérêts vrais ou imaginaires que le ministère anglais doit sauvegarder. Malheureusement il y a des faits secondaires en apparence, mais excessivement graves, que Lord Beaconsfield n'a pas daigné prendre en considération, et qui menacent de mettre en défaut sa haute perspicacité.

V

Nous avons exposé tout au long les nécessités fatalement imposées à la Sublime-Porte par la crise actuelle. Elle avait dû avoir recours au fanatisme musulman, pour terroriser le raya rebelle. Ce moyen lui avait si bien réussi, que les plénipotentiaires turcs ont pu exhiber, aux conférences, des adresses rédigées par les gouvernements des provinces ravagées, adresses revêtues des cachets et des signatures bulgares, qui témoignaient du parfait dévouement de la population, de son contentement du régime turc et de la Constitution de Midhat-

Pacha. La Serbie était écrasée, le Monténégro sollicitait la paix ; en Bosnie et en Herzégovine, les insurgés étaient traqués dans leurs montagnes, ou refoulés vers la frontière. D'un autre côté, le mouvement des softas, organisé par Midhat-Pacha, dès le printemps de 1876, électrisait l'islam de la province ; les vrais croyants, fanatisés de proche en proche, étaient prêts à se lever comme un seul homme, pour la défense de l'islam, qui, au dire des softas, était en péril. Grâce à ce réveil du fanatisme, la Sublime-Porte avait à sa dévotion la nation musulmane tout entière. Elle y puisait sa sécurité et devait nécessairement cultiver et entretenir ce formidable élément.

Reste à savoir si le réveil du fanatisme musulman est favorable aux grands intérêts indiens de la couronne d'Angleterre.

La croyance au califat, à cette papauté des Sultans ottomans, a pour la première fois pénétré chez les mahométans sunnites des Indes orientales, il y a à peine vingt ans : elle y est propagée avec zèle et succès par le principal journal arabe qui se publie, à Constantinople, sous le titre d'*El-Djewaïb*. Le rédacteur de cette feuille politique, Akhmet-Favès-effendi, maronite du mont Liban et catholique de naissance, homme d'esprit et savant, converti, dès sa jeunesse, au dogme protestant, a longtemps servi les missionnaires anglais, ses maîtres, à Malte d'abord, puis en Angleterre. Devenu libre penseur, il entra plus tard au service du Bey de Tunis, en embrassant l'islamisme. Son zèle de néophyte l'a fait venir à Constantinople, où il devint bientôt l'apôtre de la doctrine califale, à laquelle il sait adapter, par analogie, les doctrines de l'ultramontanisme occidental. Son but est de faire reconnaître, par les mahométans de l'Inde, le pouvoir théocratique du Sultan, le califat, légalement transmis à la maison d'Osman par le dernier des Abassides du Caire (1). Le pouvoir spirituel de ce califat du Caire n'avait

---

(1) Voyez une lettre de l'orientaliste anglais Georges Bradwood, dans le *Times* du 23 juin 1877. « *Indian Mahomedans* » To the editor of the *Times*.

jamais été reconnu au delà du Tigre, ni même à Bagdad. Le publiciste arabe réussit cependant à faire réciter par les imans des Indes, au nom du sultan, le *Houtbé*, formule de prière exclusivement réservée au souverain, et qui devrait être récitée au nom de l'impératrice Victoria, comme elle est récitée par les mahométans de la Russie au nom de leur empereur. Les Wahabites aussi sont fort nombreux aux Indes. Cette secte puritaine du mahométisme, éclose dans la péninsule arabique, au milieu du XVIII° siècle, a ravagé les sanctuaires de la Mecque et ceux du tombeau d'Ali à Kerbélah, a lontemps bravé l'autorité des sultans et n'a pu être domptée que vers 1818-1820, par l'armée égyptienne, sous les ordres d'Ibrahim-Pacha. Aux Indes, elle prospère. Elle se distingue par son farouche fanatisme, combat les subtilités politico-théologiques de la Sunna et abhorre le califat, autant que les puritains du protestantisme chrétien abhorrent la doctrine romaine. Sa rivalité avec l'orthodoxie sunnite des Indes sert de stimulant au zèle religieux de celle-ci. Le développement de la doctrine califale déplait fort, comme de raison, à l'autorité anglaise des Indes. Ce pape-calife pourrait, à son tour, devenir infaillible, à l'intar de son rival de Rome. Les oulemas de Constantinople ne sont pas moins habiles que les jésuites à manier le dogme. Le Coran et la Sunna fournissent des textes à toutes les exigences de la politique du jour, aux massacres des Bulgares, à la conversion par le glaive, aussi bien qu'aux principes humanitaires de Gulhané et à la Constitution libérale de 1876. La perspective d'avoir à compter, un jour, dans son domaine indien, avec le pape de l'Islam, ne nous paraît guère favorable aux grands intérêts du gouvernement anglais. Le fanatisme est une force dont on ne peut jamais prévoir la direction. La Sublime-Porte en dispose aujourd'hui contre la Russie et contre ses sujets chrétiens. Sera-t-elle toujours en état de diriger cette force selon ses convenances, et peut-on prévoir toutes les éventualités de ces convenances ? Le gouvernement anglais doit de grands ménagements à la population mahométane de l'Inde. Il peut faire valoir à ses yeux sa sollicitude pour ses coreligionnaires du Bosphore et encourager des quêtes pour l'armée du Sultan, mais il ne doit pas oublier qu'à l'époque même où il venait de faire la guerre à la Russie, en faveur du Sultan, peu de mois après la signature du traité de Paris, l'Inde musulmane se soulevait au nom du Coran, et le magnifique édifice indien était ébranlé de l'Himalaya à Ceylan et de l'Indus au Gange et à l'Irawady.

On sait que les quarante millions de musulmans, sujets ou vassaux indiens de la couronne d'Angleterre, ceux-là précisément qui fournissent le principal contingent militaire, donnent bien plus de soucis à leurs maîtres que les cent cinquante millions de sectateurs pacifiques de Brahma. L'ancienne compagnie, aussi bien que le Gouvernement actuel de l'empire n'ont jamais favorisé la propagande musulmane, dans ces immenses contrées. Le mouvement religieux qui s'y produit aujourd'hui, sous l'influence des doctrines constantinopolitaines, mérite la plus sérieuse attention. Evidemment lord Beaconsfield, en protégeant le calife, espère fortifier les liens qui rattachent, à la métropole, les nations musulmanes de l'Inde et légitimer la domination anglaise par les sympathies de ses commodes vassaux. Il perd de vue le principe fondamental du Coran, de ce code plus politique que religieux, qui ne peut jamais admettre, en droit canonique, la soumission du vrai croyant à l'infidèle. En Orient, nous le répétons encore, le droit n'est qu'un attribut de la force. On subit la domination du plus fort, comme une épreuve, comme une fatalité, mais elle ne saurait jamais obtenir la sanction légale d'une conscience musulmane. La recrudescence fanatique provoque des crises et peut devenir une force avec laquelle on devra compter tôt ou tard. Dans toutes les guerres de l'empire ottoman contre la Russie, au début même des complications qui précèdent le recours aux armes, les softas de Constantinople, tantôt spontanément par zèle religieux (lisez : patriotique, dans le style officiel), tantôt par commission gouvernementale, parcourent le Caucase, la Crimée, les bords du Volga. En 1876, plusieurs de ses apôtres ont été saisis par la police russe et renvoyés dans leurs foyers. Ils ont eu cependant quelque succès parmi les peuplades du Caucase. L'expédition turque de Soukhoum-Kalé a trouvé de nombreux complices sur cette côte. En se retirant de là, les Turcs amènent avec eux les Abkhases musulmans et fournissent à la Sublime-Porte un nouveau contingent de Circassiens, pour tenir en respect les Bulgares, les Grecs et les Arméniens et pour contribuer au développement du régime constitutionnel en vigueur. Et c'est un officier anglais, Hobbart-Pacha, qui conduit ce contingent.

VI

Le fanatisme, avons-nous dit, est une force. L'empire ottoman lui doit son existence; mais il lui doit aussi sa précoce décadence et sa complète désorganisation; car il est aussi une maladie, dont le germe demeure dans l'organisme du corps social et produit tantôt un état de langueur et de paresse fatales au progrès, tantôt des crises violentes, comme celle qu'éprouve aujourd'hui le malade du Bosphore. Elle est contagieuse, cette maladie, et se propage au gré des passions politiques.

Ces vérités incontestables, banales même,

s'imposent à l'appréciation qu'on doit faire des intérêts anglais, dans la question d'Orient. En admettant même, ce que nous ne pensons guère, que ces intérêts conservateurs réclament le maintien de l'Empire ottoman, sur le continent européen, dans ses conditions actuelles, nous doutons fort que les procédés du ministère britannique, dans la négociation qui a précédé la guerre et dans la guerre même, soient conformes au grand intérêt de la domination britannique dans l'Inde. Tous les gouvernements qui se sont succédé en Angleterre depuis 1815, ont porté la plus grande attention à assurer les voies de communication entre la métropole et la grande colonie orientale. Depuis les essais tentés par le capitaine Chesney, vers 1825, pour la navigation de l'Euphrate et depuis la prise de possession du rocher d'Aden (vers 1839) jusqu'à l'achat des actions de Suez, le gouvernement anglais n'a fait que son devoir envers le pays. Quoi qu'on en ait dit, il n'a lésé le droit de personne. Si, à la faveur des complications actuelles, il veut pourvoir à la sécurité du canal de Suez, par des fortifications, nous ne croyons pas qu'en stricte justice on puisse lui disputer ce droit.

La sécurité des communications n'est cependant qu'un corollaire de la sécurité de possession. A ce point de vue, le ministère britannique a mal servi les intérêts du pays. Trop préoccupé des dangers du dehors, du cauchemar russe, qui ne pourrait certainement pas devenir menaçant pour la domination anglaise aux Indes, si ce n'est dans un avenir trop lointain pour être pris en considération dans le courant de ce siècle, trop préoccupé, disons-nous, de ce danger chimérique, le gouvernement anglais compromet la sécurité intérieure de son établissement indien. Le réveil du fanatisme dans une masse de quarante millions de musulmans et l'accointance nouvelle de ces quarante millions avec le foyer religieux de l'islam, au moment où ce foyer produit une de ses plus formidables éruptions, offre des dangers en perspective bien autrement sérieux, pour les maîtres chrétiens de l'Inde, que n'en pourrait jamais faire naître le voisinage de la Russie. Nous ne pouvons pas même admettre que cette dernière puissance, obérée de tant et de si graves soucis chez elle, soit jamais en état de tenter la folle aventure d'une campagne indienne. On a beau exagérer l'influence russe sur la Perse et sur les Khanats, qui séparent ses possessions actuelles, possessions problématiques et douteuses, de celles de la Grande-Bretagne, il est certain que toute initiative de cette nature, au milieu de ces éléments inaccessibles à la discipline et dont la vie politique s'use depuis des siècles dans des luttes intérieures et dans des révolutions de sérail, deviendrait bien plus fatale à la Russie elle-même et à sa sécurité dans les pays conquis, qu'à l'empire indien. L'Angleterre, par sa civilisation supérieure, par son système politique, par l'administration fiscale, par sa législation aussi bien que par son réseau de chemins de fer et de navigation fluviale, est bien plus solidement établie aux Indes que ne peut l'être la Russie dans l'Asie centrale, au bout de deux siècles même, en tenant compte des conditions respectives physiques et morales et surtout des ressources des deux pays voisins.

Il est vrai que les craintes puériles des Anglais favorisent le développement du chauvinisme dans une coterie de patriotes russes, flattés de voir l'Angleterre si fort préoccupée des progrès de la Russie dans l'Asie centrale. Y a-t-il lieu de s'étonner de ce que ces patriotes, indignés de l'attitude hostile du gouvernement anglais à l'égard de la Russie, de son opposition aux justes exigences de l'empereur Alexandre, en faveur de leurs coreligionnaires du Balcan, s'aventurent dans les hautes régions politiques, aillent chercher leur revanche aux Indes, et, s'inspirant des rêves de Napléon Ier, guettent le moment de faire marcher cent ou deux cent mille soldats russes pour balayer, en quelques mois, le pays qui s'étend du Caboul à la Cochinchine? Il en est de même des panslavistes de la sainte Moscou (plus poétique que sainte, croyons-nous) qui rêvent l'empire ou la république fédérative, composée de tous les pays slaves ou prétendus tels, Bohême et Moravie, Serbie, Dalmatie et Bulgarie, y compris la Macédoine et l'Épire, etc., etc. L'exagération est un attribut caractéristique de l'imagination dans la race slave. Ces mêmes rêveurs sont indignés cependant de la prétention tout aussi rationnelle des patriotes polonais de fonder une république polonaise, nullement fédérative, une et indivisible, de trente millions de fidèles entre la Baltique et la mer Noire. Le rêve a ses droits spéciaux que le bon sens ne doit pas même discuter.

Il y a trente ou quarante ans, un poëte moscovite, M. Khomiacoff, qui était aussi un formidable théologien orthodoxe, et prétendait convertir à son dogme les protestants et les catholiques, à commencer par le Pape, écrivit une fort gracieuse élégie intitulée : *Une île*. Après avoir fait le plus flatteur tableau de l'Angleterre, de ses richesses, de sa force, de sa liberté et de sa science, il lui reprochait ses préoccupations des choses terrestres. En raison de ce péché, ce n'est pas à elle, dit-il, que « Dieu réserve le sceptre du monde et la « couronne céleste, mais à un pays plein de « foi ardente et de miracles divins. » Sous l'empereur Nicolas, la censure ne permettait pas la publication de ces sortes de rêveries patriotiques. L'élégie manuscrite fut cependant traduite en anglais, et causa un grand émoi dans la littérature et dans les cercles politiques même. On y vit une manifestation de la grande pensée, du sentiment national et des aspirations de la sainte Russie. On assure que l'ambassadeur anglais de ce temps-là, lord Durham, en entretint l'empereur Nicolas.

Dans le domaine de la politique internationale, dans la discussion des grands intérêts de l'humanité, les mystiques de Moscou ne méritent pas plus de créance que les énergumènes de l'école du diplomate excentrique Urguhart, qui exercent cependant une grande influence sur l'opinion anglaise et se passionnent pour le régime turc en haine de la Russie. Ces étranges préventions, qui se sont propagées dans une grande partie du public anglais, deviennent fatales, dans la crise actuelle, aux populations slaves et grecques, condamnées à expier trop cruellement l'intérêt que leur porte la Russie. Mais rien n'y peut. L'empereur Alexandre Ier est demeuré fidèle à l'alliance anglaise et aux traités de 1814 lorsque, trahi par l'Angleterre, qui venait de signer, avec Talleyrand et Metternich, l'ignoble traité du 15 janvier 1815, il était en droit d'accepter les offres de Napoléon. Son successeur, loyal chevalier et médiocre diplomate, rêva une alliance intime avec l'Angleterre. Cette confiance fut la faute capitale de sa politique étrangère et la plus cruellement expiée. Alexandre II, plus réservé et infiniment plus modéré, n'a demandé, d'accord avec ses alliés, que le consentement de l'Angleterre pour obtenir du gouvernement turc la réalisation de ses engagements à l'égard des chrétiens.

Aux vœux éminemment pacifiques des cabinets du continent, le ministère anglais répondait par une série de procédés qui devait nécessairement forcer la Russie à avoir recours aux armes.

VII

En supposant même que la Turquie obtienne, dans la guerre actuelle, les plus éclatants triomphes militaires et diplomatiques, la décomposition et la ruine totale de cet État n'est plus qu'une question de temps. Le fanatisme musulman, l'anarchie administrative, la banqueroute, la parodie constitutionnelle et la recrudescence de haine dans les masses populaires contre leur impitoyable oppresseur, tel n'est pas le régime qui pourrait donner une nouvelle vie à l'empire des Sultans. L'Angleterre ne peut conserver aucun doute à cet égard. Au point de vue de ses intérêts, l'affaiblissement de la Russie offre bien plus d'avantages que n'en a certainement la prolongation de la vie du protégé malade. Celui-ci, à ses propres risques et périls, provoque une guerre où son existence même court les plus grands dangers. Ses destinées n'ont qu'à s'accomplir. Le ministère anglais s'en lave les mains ; il peut se résigner à sacrifier la Turquie, devant la perspective de l'affaiblissement de la Russie par les sacrifices que la guerre lui aura imposés. Nous doutons cependant de la justesse des données politiques sur lesquelles est fondé ce calcul. La guerre, dans la péninsule du Balcan et dans l'Asie-Mineure, peut produire une grande fatigue, mais il est peu problable qu'elle puisse affaiblir et épuiser le robuste empire des Tzars. Dans le courant de ce siècle il a subi l'épreuve de deux coalitions ; il a été envahi au cœur d'abord, puis dans ses provinces du Midi. Vainqueur ou vaincu, il a fait preuve, bientôt après ces luttes formidables, d'un redoublement de vigueur. Les réformes du règne actuel, le développement des ressources militaires et financières du pays, et bien mieux encore, le progrès de l'instruction publique, l'élan de l'esprit national et le dévouement au souverain, tous les éléments de vraie force morale et matérielle ont été plus favorisés par la malheureuse guerre de 1854-56, qu'ils ne l'ont été, dans la période précédente, par les glorieuses campagnes de 1812, 13 et 14.

Un grand personnage, patriote russe et homme d'esprit, tout en regrettant les complications qui s'annonçaient pour son pays dès 1875, y voyait cependant un excellent dérivatif contre le trouble, que le trop de libéralisme des nouvelles institutions avait produit dans une partie de la jeunesse russe des deux sexes. Il citait, à ce sujet, la révolution de Pologne en 1863, comme ayant bien plus contribué à la guérison du nihilisme russe que toutes les mesures de la haute police et du ministère de l'instruction publique. Et, en effet, la guerre actuelle donne lieu à des manifestations de plus en plus favorables au gouvernement du

Tzar. Il nous paraît impossible d'en révoquer en doute la spontanéité et la sincérité. Les donations volontaires faites par les municipalités, par les institutions de crédit, par les communes rurales même et par les couvents, soit au trésor de la guerre, soit au profit des blessés et des familles de soldats, se chiffrent par plusieurs dixaines de millions. Ce n'est pas un prestige, une vaniteuse et décorative manifestation, c'est une force réelle, un gage de succès, quelles que soient les vicissitudes de cette épreuve imposée à la Russie par le ministère de la Grande-Bretagne. Sous ce rapport, et au point de vue de l'affaiblissement de la Russie, le grand intérêt indien n'est pas plus favorisé qu'il n'a été compromis par le réveil du fanatisme musulman et par les liens que cet élément délétère vient d'établir entre l'Indus et le Bosphore.

VIII

Pourrait-on admettre que la sollicitude vraie ou affectée pour les droits immaculés du calife, ou plutôt pour les priviléges de cette oligarchie de hasard, qui constitue le gouvernement ottoman, garantirait à l'Angleterre la reconnaissance de ce gouvernement et les complaisances des docteurs de la loi musulmane pour le pouvoir temporel de l'impératrice des Indes ? Cette croyance est accréditée dans une partie du public anglais avec bien d'autres erreurs, dont l'opinion du vulgaire se repaît dans le domaine de la politique étrangère. Nous nous en référons, quant à la reconnaissance turque, à l'expérience personnelle de Lord Redcliffe, l'éminent homme d'État, qui a très-longtemps représenté la Grande-Bretagne à Constantinople, et qui connaît à fond les Turcs et leurs principes politiques. On se rappelle bien à Constantinople son activité dans l'œuvre de la réforme ottomane. A tort ou à raison, mais très-longtemps, il a cru à la renaissance de la Turquie, à l'utopie du progrès libéral qui pourrait en faire un État prospère, une barrière contre la Russie. Après avoir usé sa vie dans ce labeur, dont le supplice de Sisyphe offre une parfaite image, désillusionné, dégoûté, plein d'humeur contre les hommes qui l'avaient trompé, il se vit en butte à toute la malveillance des ministres turcs, ses créatures à lui, dès qu'il eut résigné ses fonctions. On se rappelle ses aveux sur le gouvernement ottoman, dans son discours d'adieux, en prenant congé de ses nationaux. En 1876, sous l'impression des massacres de Bulgarie, l'ancien ambassadeur s'est fait un devoir de conscience de formuler publiquement, dans la chambre des Lords et dans la presse, son opinion sur la Turquie. C'était le *meâ culpâ* du seul survivant et repentant du petit nombre de ceux, qui en 1854, avaient entraîné leur pays dans une grande guerre pour le salut de l'Empire ottoman. Ce n'est point par des bienfaits et moins encore par l'exercice d'un bienveillant patronage, qu'on garantit son influence à Constantinople. Le crédit et l'autorité sont le privilége exclusif de celui qui sait se faire craindre. « Baisez la main que vous ne pouvez pas mordre, » dit un proverbe turc. Que si l'amour-propre national des Anglais, des diplomates anglais surtout, est flatté de l'autorité qu'ils exercent dans les conseils de la Sublime-Porte, depuis la mort tragique d'Abdul-Aziz, le bon sens britannique saura apprécier à sa juste valeur cet avantage, en se rappelant le rôle auquel étaient réduits, avant cette époque, ses deux derniers ambassadeurs, Sir Henry Buwler et Sir Henry Elliot. L'Angleterre aurait acquis à coup sûr plus de crédit à Constantinople et plus de prestige aux yeux de ses sujets musulmans, aux Indes, en acceptant le beau rôle de l'initiative, que les puissances continentales lui offraient dans l'action collective à exercer près le gouvernement ottoman, en faveur des populations chrétiennes. Elle aurait mieux servi ses intérêts Indiens, par un acte d'autorité à Constantinople même qu'en se posant, comme elle l'a fait, en ami intéressé, obligé de confesser publiquement que ses propres intérêts, sa sécurité aux Indes, lui imposent cette amitié, en ami impuissant toutefois, qui, au lieu d'une protection efficace, n'offre que de bons offices d'une utilité problématique.

IX

Dans ce consciencieux examen de la direction politique actuelle du gouvernement anglais, des considérations qui l'ont motivée et des conséquences qui en peuvent résulter, nous nous sommes scrupuleusement borné aux seuls intérêts matériels de la Grande-Bretagne. Nous sommes obligé de faire abstraction de toute considération d'intérêt moral, de ceux même de l'humanité, de la civilisation chrétienne et de l'honneur national. Cette réserve nous est imposée par la profession de foi du chef actuel du cabinet britannique, qui, par une ironie superbe, exclut le sentiment de son programme politique. Lord Beaconsfield a le courage de ses opinions ; il ne dissimule pas les principes qu'il a hérités de ses ancêtres. Ce n'est certes pas dans les traditions parlementaires de l'Angleterre, dans les discours de Lord Chatham, de William Pitt, de Fox, de Sir Robert Peel, ou bien de Lord Palmerston et d'O'Connel même, qu'il a trouvé cette cynique doctrine, qui prétend imposer à la Chambre des lords la morale de la Bourse. Nous concevons que les ministres soient réduits à régler leur conduite politique sur l'intérêt matériel seul de cette oligarchie de hasard, qui exploite à son profit le travail de trente millions d'ouvriers, de la population entière de cette ferme, dont nous avons expliqué l'organisme, et qui s'appelle Empire ottoman. Cependant, les ministres turcs eux-mêmes, dans les firmans et dans les circulaires, affectent le plus grand respect pour les droits de l'humanité. L'hypocrisie du langage est un attribut de la faiblesse. Nous pensons que, dans d'autres conditions, les ministres turcs seraient tout aussi francs que Lord Beaconsfield; ils proclameraient hardiment la légalité du terrorisme organisé par la Sublime-Porte, en 1876, pour fanatiser l'islam et pour étouffer toute velléité de soulèvement du raya chrétien. Aux conférences de Constantinople, ils furent réduits à abdiquer toute fierté; ils qualifièrent les massacres de Bulgarie de simples représailles de la part de la population musulmane, poussée au désespoir par les atrocités du raya. Ils affectèrent de regretter même et de désapprouver ces massacres, qui étaient pour la Sublime-Porte une nécessité politique, une manifestation du principe conservateur en vigueur dans l'Empire ottoman.

La franchise de Lord Beaconsfield paraît avoir encouragé, en dernier lieu, les Turcs à user de moins de ménagements vis-à-vis de l'Europe. Un des principaux membres du gouvernement, le Ferik du palais, Saïd-Pacha, a eu l'audace de déclarer, à l'ambassadeur anglais, que si les Russes continuaient à exercer des cruautés, le Sultan ne serait pas responsable des représailles que les Turcs, à leur tour, exerceraient sur leurs concitoyens chrétiens. Ce n'est rien moins qu'une menace et une justification anticipée des nouveaux massacres des chrétiens par les Nizams, les Redifs, les bachi-bozouks, les Circassiens et les Zeïbeks. Cette menace se reproduit dans la circulaire du ministre éphémère des affaires étrangères, Arifi-Pacha, dans ce résumé des mensonges officiels de la chancellerie ottomane, sur les atrocités de l'armée russe. Arifi est un élève de l'école diplomatique d'Aali-Pacha ; il a manqué cependant de tact au point d'oublier que son raisonnement impliquait un aveu d'impuissance.

En justice, il y a peu de différence entre l'allégation des faits controuvés et le déni de la vérité. En 1876, au mois de juillet, le ministère anglais affectait d'ignorer les massacres qui avaient eu lieu, en Bulgarie, au mois de mai. Il triompha de l'opposition et de son appel au sentiment du peuple anglais. Ce triomphe obtenu par la dénégation de la vérité a peu profité à la politique du ministère. L'alliance avec la Turquie a répugné au sentiment de cette même majorité parlementaire qui, pour des raisons de politique intérieure, subit, en frémissant d'indignation, les fautes de la politique étrangère de son chef et ne partage certainement pas ses appréciations de l'intérêt indien de la Grande-Bretagne. Cette année encore le ministère répète le même procédé, sous une autre forme. Il s'empresse de donner la plus grande publicité officielle aux mensongères accusations formulées par la Sublime-Porte, à la charge de l'armée russe ; il insère, dans les Blue Books, les rapports de l'ambassadeur et des consuls anglais, ces reproductions de la version turque, et, quant aux rapports des officiers anglais attachés à l'armée russe, quant à cette déposition de loyaux et compétents témoins, elle est soigneusement écartée du débat, où l'honneur de l'armée russe est en cause, devant l'opinion publique du monde civilisé. L'initiative de l'empereur Guillaume, au sujet de la violation de la convention de Genève, par l'armée turque, provoque enfin la tardive publication d'un rapport du colonel Wellesley, agent militaire anglais au quartier général de l'armée russe, trop loyal officier pour qu'on puisse le soupçonner de n'avoir pas exposé, dans ses précédents rapports, son témoignage sur la fausseté des accusations accueillies, sans contrôle aucun, par le ministère anglais.

X

Les préjugés et les passions haineuses qui, en 1854, ont entraîné l'Angleterre dans l'orbite de Napoléon III, peuvent avoir aujourd'hui encore de chaleureux avocats dans la presse, dans les meetings et dans le Parlement, mais le bon sens pratique de la nation anglaise ne peut plus se faire d'illusions sur la vitalité de l'Empire ottoman. En 1854, Lord Palmerston pouvait encore faire proclamer, en plein Parlement, que la Turquie avait fait plus de progrès que pas un autre État européen, dans l'espace des trente dernières années. Nous révoquons en doute la sincérité de cette profession de foi, si peu flatteuse pour la grande famille des peuples chrétiens. Et fût-il même sincère dans son optimisme turc, à cette époque-là, qu'aurait dit Lord Palmerston de la Turquie d'aujourd'hui et des résultats de tous les efforts que l'Angleterre, la France et l'Autriche ont faits, depuis lors, pour lui venir en aide?

La situation est bien autrement claire qu'elle ne l'a été dans la guerre d'Orient. A travers les horreurs dont nous sommes témoins, on doit s'attendre à un avenir meilleur pour ces malheureuses populations, livrées par la guerre d'Orient et par le traité de Paris, à la plénitude du droit souverain de la Sublime-Porte. Quels que soient les résultats de la guerre actuelle, en admettant même que le fanatisme turc triomphe de la persévérance de l'empereur Alexandre, dans son projet de délivrer les chrétiens de la péninsule orientale, du joug ottoman, nous ne pouvons pas admettre que l'Europe, juge suprême, se résigne à replacer ces populations sous le régime, dont les événements actuels ont révélé l'essence. La nation anglaise n'adoptera certainement pas la doctrine du chef actuel du cabinet, qui écarte dédaigneusement du débat toute considération de sentiment. D'ailleurs, ce n'est plus une question d'humanité et de sentiment chrétien ; c'est un intérêt politique européen de premier ordre, qu'il s'agit de sauvegarder. Le traité de Paris a créé un état de choses incompatible avec la paix du monde, qui a produit les résultats prévus par tous ceux qui connaissaient la Turquie, son gouvernement et ses populations. La Sublime-Porte, par sa conduite dans l'espace de vingt longues années, a rectifié les préjugés de ses protecteurs. La violation des engagements frauduleusement contractés vis-à-vis de l'Europe, les massacres du Djedda, du mont Liban et de Damas, son refus de modifier le régime administratif au profit des chrétiens, conformément au vœu de l'Europe, le gaspillage de deux cents millions de livres sterling, prélevées sur les Bourses de Londres et de Paris, les procédés dont elle a fait usage, en 1875 et 1876, pour la pacification des provinces révoltées, les haines implacables et de plus en plus indomptables, qui lui sont vouées par tous ses sujets et vassaux chrétiens, ainsi que par tous ses voisins immédiats, Grecs du royaume hellénique, Slaves de l'Autriche, Russes et Persans (les Magyars de la Hongrie et les Circassiens du Caucase seuls ne sont pas compris dans ce tableau), la sauvagerie systématique de son armée dans la guerre actuelle et le mensonge avéré de ses circulaires ministérielles, — tels sont les seuls titres qu'elle pourra faire valoir, au futur congrès, en faveur de ses droits de souveraineté consacrés par le traité de Paris.

FIN

INDEX

CHAPITRE PREMIER

Pages.

Entretien d'un diplomate russe avec M. Guizot. — Incompétence du Congrès de 1856 et ses erreurs. — Illusions contradictoires et violation légitime du traité. — Incompatibilité de l'état théocratique et du principe d'égalité. — Aveux d'Aali-Pacha. — Tutelle multiple et ses déceptions. — Tendances primitives de la réforme et projet du réformateur Mahmoud d'embrasser le christianisme. — Message de l'empereur Nicolas. — Complot ministériel du Gulhané et ses suites. — L'empire ottoman constitué en ferme; exploitation de cette ferme par une oligarchie de circonstance. — Justification de la banqueroute par le grand-vizir 1

CHAPITRE II

Pages.

Nouveau système de persécutions et ses moyens d'action. — Problème historique posé par Napoléon III. — *Divide et impera.* — Habileté des Turcs dans la politique du Sénat romain   75

CHAPITRE III

Réveil des nationalités. — Tendances de l'hellénisme et ses effets préjudiciables pour l'unité de l'Orient chrétien. — Le sentiment de la nationalité pénètre dans les masses bulgares. — Conversion à l'islamisme par la fraude, et ses effets. — Les nations sous le régime turc et les procès internationaux jugés par la Sublime-Porte. — Municipalités hétérogènes régies par le mufti et avantages réservés aux Turcs par la scission gréco-bulgare. — Terminologie nouvelle et définition géographique du pays bulgare. — Acharnement des Turcs contre les écoles. — Colonisation des Circassiens en Bulgarie   91

CHAPITRE IV

Pages.

La question sociale en Bosnie et en Herzégovine. — Soulèvement des Slaves du Nord et recrudescence du fanatisme musulman. — Assassinat des consuls. — Midhat-Pacha et la destinée tragique de la famille de Mahmoud. — Troubles en Bulgarie et massacres. — La note de Berlin. — Dissentiments entre les garants et résistance obligée de la Sublime-Porte à l'action diplomatique collective. — Elle cède devant l'ultimatum de la Russie et oblige cette puissance à rentrer dans l'action collective 129

CHAPITRE V

Les conférences et la constitution ottomane. — Restriction du pouvoir monarchique et garantie des prérogatives de la race dominante. — Rupture des négociations et déclaration de la guerre par la Russie. — Les quatre derniers souverains et les quatre hommes d'État ottomans. — Justification de la conduite de la Sublime-Porte. — Erreurs du congrès de 1856. — L'ancienne Rome et l'empire ottoman. 155

CHAPITRE VI

Pages.

Déceptions du traité de 1856 à l'égard de la Russie. — Attitude nouvelle de cette puissance en Orient. — Neutralité de la mer Noire et ses effets dans la guerre actuelle. — Blocus fictif. — Le recueillement de la Russie et ses effets. — Succès de ses réformes. — Le sentiment national et ses manifestations. — Attitude de l'Angleterre et déclaration de guerre. 88

CHAPITRE VII

Les intérêts anglais en Orient. — L'empire indien et ses dangers imaginaires. — Situation réciproque de la Russie et de l'Angleterre en Asie. — Fantôme panslaviste et chauvinisme. — Aveux de lord Beaconsfield. — Dangers réels pour les Indes, provoqués par la politique actuelle. — Espoir déçu d'une troisième coalition contre la Russie et effets des deux premières. — Le sentiment et l'intérêt dans la politique. — La Sublime-Porte devant le futur congrès 215